2016
研究前沿及分析解读

中国科学院科技战略咨询研究院
中国科学院文献情报中心
科睿唯安

2016 Research Front and Analysis

科学出版社
北京

图书在版编目(CIP)数据

2016研究前沿及分析解读 / 中国科学院科技战略咨询研究院,中国科学院文献情报中心,英国科睿唯安著. —北京:科学出版社,2017.3
ISBN 978-7-03-052209-2

Ⅰ. ①2… Ⅱ. ①中…②中…③英… Ⅲ. ①社会科学-发展-世界-2016②自然科学-发展-世界-2016 Ⅳ. ①C1②N1

中国版本图书馆 CIP 数据核字(2017)第 050265 号

责任编辑:邹 聪 高 微 / 责任校对:何艳萍
责任印制:徐晓晨 / 封面设计:无极书装
编辑部电话:010-64035853
E-mail:houjunlin@mail.sciencep.com

科 学 出 版 社 出版
北京东黄城根北街 16 号
邮政编码:100717
http://www.sciencep.com

北京建宏印刷有限公司 印刷
科学出版社发行 各地新华书店经销
*
2017 年 3 月第 一 版 开本:787×1092 1/16
2017 年 11 月第二次印刷 印张:8 3/4
字数:210 000
定价:78.00元
(如有印装质量问题,我社负责调换)

编纂委员会

指导顾问

中国科学院科技战略咨询研究院　　潘教峰　刘　清
Clarivate Analytics　　郭　利
中国科学院文献情报中心　　黄向阳　张晓林

总体组（方法论、数据统计及统稿等）

Clarivate Analytics　　David Pendlebury　岳卫平
中国科学院科技战略咨询研究院　　冷伏海　周秋菊

前沿解读组（前沿命名与重点前沿解读分析）

农业、植物学和动物学　　袁建霞　邢　颖
生态与环境科学　　周秋菊
地球科学　　杨　帆　王海名　范唯唯
临床医学　　李赞梅　李军莲　安新颖　胥美美
生物科学　　杨艳萍　董　瑜　周　群　迟培娟
化学与材料科学　　边文越
物理学　　黄龙光
天文学与天体物理　　韩　淋　郭世杰　王海名
数学、计算机科学与工程　　刘小平（数学）　李泽霞（计算机科学）
　　　　　　　　　　　　　　张　迪（工程）　王海名（工程）
经济学、心理学以及其他社会科学　　裴瑞敏
研究前沿国家表现　　周秋菊　冷伏海
研究前沿中美比较　　冷伏海　赵庆峰　周秋菊

数据支持组

Clarivate Analytics
中国科学院科技战略咨询研究院　　王小梅　李国鹏

目 录 CONTENTS

第1章 方法论和数据说明 ·· 1
    1.1 背景介绍 ·· 1
    1.2 方法论 ·· 2

第2章 农业、植物学和动物学 ··· 7
    2.1 热点前沿及重点热点前沿解读 ·· 7

第3章 生态与环境科学 ·· 13
    3.1 热点前沿及重点热点前沿解读 ·· 13
    3.2 新兴前沿及重点新兴前沿解读 ·· 18

第4章 地球科学 ·· 19
    4.1 热点前沿及重点热点前沿解读 ·· 19
    4.2 新兴前沿及重点新兴前沿解读 ·· 23

第5章 临床医学 ·· 25
    5.1 热点前沿及重点热点前沿解读 ·· 25
    5.2 新兴前沿及重点新兴前沿解读 ·· 30

第6章 生物科学 ·· 33
    6.1 热点前沿及重点热点前沿解读 ·· 33
    6.2 新兴前沿及重点新兴前沿解读 ·· 37

第7章 化学与材料科学 ·· 39
    7.1 热点前沿及重点热点前沿解读 ·· 39
    7.2 新兴前沿及重点新兴前沿解读 ·· 43

第8章 物理学 ·· 45
    8.1 热点前沿及重点热点前沿解读 ·· 45
    8.2 新兴前沿及重点新兴前沿解读 ·· 49

第9章 天文学与天体物理 ··· 51

9.1 热点前沿及重点热点前沿解读 ······································· 51
9.2 新兴前沿及重点新兴前沿解读 ······································· 56

第10章 数学、计算机科学与工程 ··································· 57

10.1 热点前沿及重点热点前沿解读 ······································ 57
10.2 新兴前沿及重点新兴前沿解读 ······································ 62

第11章 经济学、心理学及其他社会科学 ···························· 63

11.1 热点前沿及重点热点前沿解读 ······································ 63

第12章 研究前沿国家表现 ··· 69

12.1 引言 ·· 69
12.2 六国总体表现 ··· 70
12.3 六国分学科领域表现 ·· 75

第13章 研究前沿中美比较 ··· 81

13.1 评价方法 ··· 81
13.2 中美在各主要领域的科研实力比较分析 ······························ 82
13.3 中美未来的科研潜在贡献度和潜在引领度分析 ························ 105
13.4 讨论 ·· 120

附录 研究前沿综述：寻找科学的结构 ································ 123

第 1 章 方法论和数据说明

1.1 背景介绍

科学研究的世界呈现出蔓延生长、不断演化的景象。科研管理者和政策制定者需要掌握科研的进展和动态，以有限的资源来支持和推进科学进步。洞察科研动向，尤其是跟踪新兴专业领域将对其工作产生重大的意义。

为此，科睿唯安（Clarivate Analytics）发布了"研究前沿"（Research Fronts）数据和报告。定义一个被称作研究前沿的专业领域的办法，源自于科学研究之间存在的某种特定的共性。这种共性可能来自实验数据，也可能来自研究方法、概念或假设，并反映在科学家在论文中引用其他科学家的工作这个学术行为之中。

通过持续跟踪全球最重要的科研和学术论文，研究分析论文被引用的模式和聚类，特别是成簇的高被引论文频繁地共同被引用的情况，可以发现研究前沿。当一簇高被引论文共同被引用的情形达到一定的活跃度和连贯性时，就形成一个研究前沿，而这一簇高被引论文便是组成该研究前沿的"核心论文"。研究前沿的分析数据揭示了不同研究者在探究相关的科学问题时会产生一定的关联，尽管这些研究人员背景不同或来自不同的学科领域。

总之，研究前沿的分析提供了一个独特的视角来揭示科学研究的脉络。研究前沿的分析不依赖于对文献的人工标引和分类（因为这种方法可能会有标引分类人员判断的主观性），而是基于研究人员的相互引用而形成的知识之间和人之间的联络。这些研究前沿的数据连续记载了分散的研究领域的发生、汇聚、发展（或者萎缩、消散），以及分化和自组织成更近的研究活动节点。在演进的过程中，每组核心论文的基本情况，如主要的论文、作者、研究机构等，都可以被查明和跟踪。通过对该研究前沿的施引文献的分析，可以发现该领域的最新进展和发展方向。

2013 年，Clarivate Analytics 发布了《2013 研究前沿——自然科学和社会科学的前 100 个探索领域》白皮书。2014 年和 2015 年，Clarivate Analytics 与中国科学院文献情报中心成立的"新兴技术未来分析联合研究中心"推出了《2014 研究前沿》和《2015 研究前沿》分析报告，引起了全球广泛的关注。

2016 年，中国科学院科技战略咨询研究院战略情报研究所[①]，继续在《2015 研究前沿》的基础上，推出《2016 研究前沿》。报告仍然以文献计量学中的共被引分析方法为基础，基于 Clarivate Analytics 的 Essential Science Indicators（ESI）数据库中的 12 188 个研究前沿，遴选出 2016 年自然科学和社会科学的 10 个大学科领域排名最前的 100 个热点前沿和 80 个新兴前沿。

1.2 方法论

整个分析工作分为两个部分：第一部分，研究前沿的遴选、180 个研究前沿的核心论文及其施引文献的数据提供由 Clarivate Analytics 完成；第二部分，研究前沿的分析和重点研究前沿（即重点热点前沿和重点新兴前沿）的遴选及解读由中国科学院科技战略咨询研究院主持完成，中国科学院文献情报中心部分人员参与此项工作。此次分析基于 2009～2015 年的论文数据，数据下载时间为 2016 年 3 月。

1.2.1 研究前沿的遴选

《2016 研究前沿》反映了当前自然科学与社会科学的 10 个大学科领域的 180 个研究前沿（包括 100 个热点前沿和 80 个新兴前沿）。以 ESI 数据库中的 12 188 个研究前沿为起点，遴选目标是找到那些较为活跃或发展迅速的研究前沿。报告中所列的 180 个研究前沿的具体遴选过程如下。

1. 热点前沿的遴选

先把 ESI 数据库中 21 个学科领域的 12 188 个研究前沿划分到 10 个高度聚合的大学科领域中，然后对每个大学科领域中的研究前沿的核心论文，按照施引文献总量进行排序，提取排在前 10% 的最具引文影响力的研究前沿。以此数据为基础，再根据核心论文出版年的平均值重新排序，找出那些"最年轻"的研究前沿。通过上述两个步骤在每个大学科领域分别选出 10 个热点前沿，共计 100 个热点前沿。因为每个学科领域具有不同的特点和引用行为，有些学科领域中的很多研究前沿在核心论文和施引文献的数量上会相对较小，所以从 10 个大学科领域中分别遴选出的排名前 10 的热点前沿，代表各大学科领域中最具影响力的研究前沿，但并不一定代表跨数据库（所有学科）中最大、最热的研究前沿。

2. 新兴前沿的遴选

一个有很多新近的核心论文的研究前沿，通常提示其是一个快速发展的专业研究方向。为了选取新兴的前沿，组成研究前沿的基础文献即核心论文的时效性是优先考虑的因素。这就是为什么我们称其为"新兴前沿"。为了识别新兴前沿，我们对

---

① 原中国科学院文献情报中心情报研究部主持和绝大多数参与该报告研制的人员已调整到该单位。

研究前沿中的核心论文的出版年赋予了更多的权重或优先权，只有核心论文平均出版年在2014年6月之后的研究前沿才被考虑，然后按被引频次从高到低排序，选取被引频次在100以上的研究前沿，从而遴选出80个新兴前沿，这80个新兴前沿最早的平均出版年是2014年5月。遴选不限定学科，因此80个新兴前沿在10个大学科领域中分布并不均匀，农业、植物学和动物学领域没有新兴前沿，而生物科学领域选出21个新兴前沿。

通过以上两种方法，这份报告突出显示了10个高度聚合的大学科领域中的100个热点前沿和80个新兴前沿。

1.2.2 研究前沿的分析及重点研究前沿的遴选和解读

本书在Clarivate Analytics遴选的180个研究前沿数据的基础上，由中国科学院科技战略咨询研究院的战略情报研究人员（中国科学院文献情报中心部分人员参与）对10个大学科领域的100个热点前沿的发展趋势进行了分析，并对28个重点研究前沿进行了详细解读（见第2~11章）。重点研究前沿包括重点热点前沿和重点新兴前沿两部分。第12章评估了6个主要科技国家在180个前沿的基础贡献实力和潜在发展水平。

研究前沿是由一组高被引的核心论文和一组共同引用核心论文的施引文献组成。核心论文来自ESI数据库中的高被引论文，即在同学科同年度中根据被引频次排在前1%的论文。这些有影响力的核心论文的作者、机构、国家在该领域也作出了不可磨灭的贡献，本书也对其进行了深入分析和解读。同时，引用这些核心论文的施引文献可以反映出核心论文所提出的技术、数据、理论在发表之后是如何进一步发展的，即使这些引用核心论文的施引文献本身并不是高被引论文。

1. 重点研究前沿的遴选

2014年研究前沿设计了遴选重点研究前沿的指标（CPT），2015年在CPT的基础上，又增加了规模指标，即核心论文数。

（1）核心论文数。ESI数据库用共被引文献簇（核心论文）来表征研究前沿，并根据文献簇的元数据及其统计揭示研究前沿的发展态势，其中核心论文数（P）总量标志着研究前沿的大小，文献簇的平均出版年和论文的时间分布标志着研究前沿的进度。核心论文数表达了研究前沿中知识基础的重要程度。在一定时间段内，一个前沿的核心论文数越大，表明该前沿越活跃。

（2）CPT。遴选重点研究前沿的指标（CPT），是施引文献量即引用核心论文的文献数量（C）除以核心论文数（P），再除以施引文献所发生的年数（T）。施引文献所发生的年数是指施引文献集合中最新发表的施引文献与最早发表的施引文献的发表时间的差值。如最新发表的施引文献的发表时间为2014年，最早发表的施引文献的发表时间为2010年，则该施引文献所发生的年数为4。

$$\mathrm{CPT}=(C/P)/T=\frac{C}{P\cdot T}$$

CPT 实际上是一个研究前沿的平均引文影响力和施引文献发生年数的比值，该指标越高代表该前沿越热或越具有影响力。它反映了某研究前沿的引文影响力的广泛性和及时性，可以用于探测研究前沿的突现、发展以及预测研究前沿下一个时期可能的发展。该指标既考虑了某研究前沿受到关注的程度，即有多少施引文献引用研究前沿中的核心论文，又反映了该研究前沿受关注的年代趋势，即施引文献所发生的年度。

在研究前沿被持续引用的前提下，当两个研究前沿的 P 值和 T 值分别相等时，则 C 值较大的研究前沿的 CPT 也较大，指示该研究前沿引文影响力较大。

当两个研究前沿的 C 值和 P 值分别相等时，则 T 值较小的研究前沿的 CPT 相反会较大，指示该研究前沿在近期受关注度较高。

当两个研究前沿的 C 值和 T 值分别相等时，P 值较小的研究前沿的 CPT 反而会较大，指示该研究前沿引文影响力较大。

《2016 研究前沿》在遴选重点研究前沿过程中，对每个大学科领域的 10 个热点前沿用 P 值结合战略情报研究人员的专业判断各遴选出一个重点热点前沿，专业判断主要考虑该前沿是否对解决重大问题有重要意义，一般选择 P 值最高的两个前沿，比较两个前沿哪个对解决重大问题更有重要意义，如"电子烟的用户偏好、有毒物质释放、管制以及对戒烟的影响"和"区域产业的环境效益和能源效率评价"，很明显后者更有重要意义，因此选择后者。

同时用 CPT 结合专业判断再各遴选出一个重点热点前沿，对于《2015 研究前沿》中重点分析的前沿，如"亚马逊土耳其机器人与合作行为研究"，虽然 CPT 仍然是最高的，2016 年不再重点分析，而是顺延选择 CPT 第二的"美国卫生保健改革的影响与成效"。

因此通过这两种方法共遴选出 20 个重点热点前沿。对于 80 个新兴前沿，利用 CPT 遴选出 8 个重点新兴前沿。个别领域略有调整，在遴选的过程中更多地侧重于战略情报研究人员的专业判断，例如，虽然农业、植物学和动物学领域的"生鲜食品微生物污染的爆发与防控"两个指标的得分都不是最突出的，但该前沿涉及食源性疾病和食品安全的重大问题，所以选做重大热点前沿。因此对于 180 个研究前沿，共遴选出 28 个重点前沿进行深入解读。其中，化学领域中，与钙钛矿型材料相关的共有 6 个前沿，我们对这 6 个前沿作为一个整体进行了解读。

2. 研究前沿的分析和解读

1）热点前沿分析及重点热点前沿的解读

对于每个学科领域，第一张表展示各自的前 10 个热点前沿的核心论文的数量、被引频次以及核心论文平均出版年，每个学科领域遴选出的重点热点前沿在表中用绿色底纹标出。然后，对每个学科领域遴选出的重点热点前沿进行深入分析和解读。因为分析数据基于 2009～2015

年的论文，核心论文平均出版年份介于 2009～2015 年之间。

每个学科领域的 10 个研究前沿中引用核心论文的论文（施引文献）的年度分布用气泡图的方式展示。基于 P 值遴选的重点热点前沿用蓝色气泡表示，基于 CPT 遴选的重点热点前沿用红色气泡表示。气泡大小表示每年施引文献的数量，对于那些施引文献量大，而施引文献所发生的年数少的前沿，也就是 CPT 的前两种情况，可以从图中直观地看出哪些是重点热点前沿。但是对于 P 值较少的情况，则需要结合数据来看。大部分研究前沿的施引文献每年均有一定程度的增长，因此气泡图也有助于对研究前沿发展态势的理解。

每个学科领域的第二张表对核心论文的国家、机构活跃状况进行了分析，揭示出哪些国家（地区）、机构在某重点热点前沿中有较大贡献。第三张表则对施引文献中的国家和机构进行了分析，探讨机构、国家（地区）在这些研究前沿的发展中的研究布局。

2）新兴前沿分析及重点新兴前沿的解读

新兴前沿的体量（核心论文及其施引文献）较小，因此，统计数据的分析意义不大。通过科技情报研究人员对重点新兴前沿的核心论文及相关信息进行内容方面的解读，可以了解重点新兴前沿的发展脉络、研究力量布局及发展前景。

第 2 章 农业、植物学和动物学

2.1 热点前沿及重点热点前沿解读

2.1.1 农业、植物学和动物学领域 Top10 热点前沿发展态势

农业、植物学和动物学领域 Top10 研究前沿主要分布在作物研究和食品研究两个子领域。其中作物研究子领域主要关注病虫害防控基础研究和作物改良基础研究,病虫害防控基础研究包括 4 个热点前沿"植物先天免疫机制""子囊菌和半知菌的分类学与系统发育学""细菌Ⅵ型分泌系统的结构与调控"和"害虫天敌蝙蝠的白鼻综合征"(表 2.1 和图 2.1)。其中"植物先天免疫机制"连续两年入选

表 2.1 农业、植物学和动物学领域 Top10 热点前沿

排名	热点前沿	核心论文/篇	被引频次	核心论文平均出版年
1	食品检测中的高光谱成像技术	40	1645	2012.6
2	光合作用捕光蛋白复合物的结构与功能	30	1756	2012.4
3	子囊菌和半知菌的分类学与系统发育学	46	2709	2012.3
4	生鲜食品微生物污染的爆发与防控	23	1320	2012.3
5	植物先天免疫机制	12	1088	2012.2
6	抗氧化肽的分离与表征	13	857	2012.2
7	细菌Ⅵ型分泌系统的结构与调控	20	2000	2012.1
8	营养物质纳米乳递送系统	38	2586	2012.1
9	田间高通量作物根系表型分析	30	1851	2012
10	害虫天敌蝙蝠的白鼻综合征	13	1106	2012

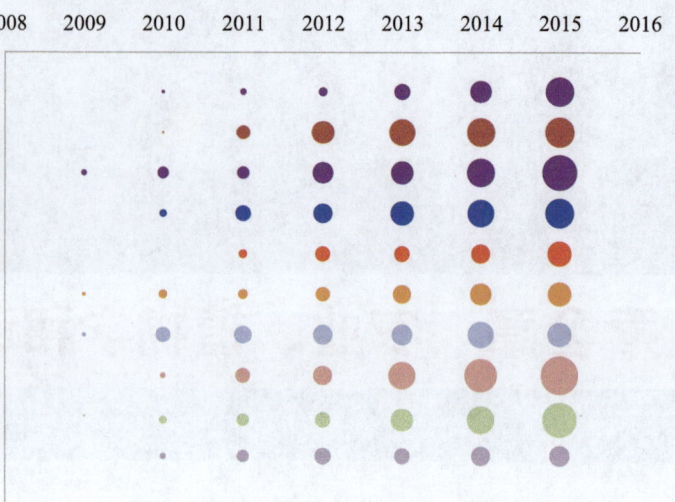

图 2.1　农业、植物学和动物学领域 Top10 热点前沿施引论文

Top10 热点前沿。作物改良基础研究 2 个热点前沿"光合作用捕光蛋白复合物的结构与功能"和"田间高通量作物根系表型分析"进入 Top10 热点前沿。

另一个子领域食品研究主要集中在食品安全和食品营养方面，其中食品安全研究包括 2 个热点前沿"食品检测中的高光谱成像技术"和"生鲜食品微生物污染的爆发与防控"，其中"食品检测中的高光谱成像技术"在 2015 年也入选 Top10 热点前沿。食品营养研究中的 2 个热点前沿，即"抗氧化肽的分离与表征"和"营养物质纳米乳递送系统"跻身 Top10 热点前沿。

2.1.2　重点热点前沿——生鲜食品微生物污染的爆发与防控

食品微生物污染是受到广泛关注的全球公共卫生问题。过去几十年，各国因食品微生物引起的食源性疾病发病率均显著增加。食品微生物污染的相关研究，包括微生物污染来源、致病菌爆发流行趋势和社会经济影响、预防控制手段等，也成为近年食品安全领域的研究热点。

该热点前沿中的 23 篇核心论文主要围绕生鲜食品、鲜切叶菜中致病性微生物引起的食源性疾病的爆发风险、来源与防控策略。重点关注的致病性微生物是最常见、分布最普遍的沙门氏菌。微生物污染的原因分析覆盖了农产品生产链的全部环节，包括受污染水、土壤等种植环境，田间生产实践，以及生产加工环节。未来需要更全面、及时的环境评价及更多地研究病原体-农产品间生物学和生态学的相互作用来识别更好的预防策略。防控措施研究也涉及种植环境的消毒、合理的生产实践和产品的消毒包装。由于病原体的表面附着和内化作用，常规消毒方法效果不佳，二氧化氯、电解水、紫外线、常压低温等离子体、过氧化氢、有机酸、酸化次氯酸钠和臭氧等新兴技术具有很大的前景。在热点前沿中多篇论文聚焦在常压低温等离子体杀菌技术上。

从核心论文产出的国家和机构层面看（表2.2），美国、西班牙、比利时、爱尔兰、韩国、英国是核心论文的主要产出国。美国是该领域最重要的研发国家，贡献了9篇核心论文，占核心论文总数的39.1%；西班牙和比利时的研究成果也不容小觑，分别贡献了6篇和5篇核心论文，分别占核心论文总数的26.1%和21.7%。施引论文的高产国家包括美国、西班牙、韩国、中国、比利时等国家（表2.3）。美国有375篇施引论文，占施引论文总数的39.2%，远高于其他国家。排在第2位的西班牙贡献了101篇施引论文。中国虽然没有核心论文产出，但是对核心论文的施引论文数量有66篇，排第4位。施引论文的高产机构中，美国农业部、比利时根特大学、西班牙科学研究委员会、美国食品药品监督管理局（FDA）和佛罗里达大学排在高产机构的前5位。排名前10位的机构中没有中国机构。

上述数据表明，美国在该领域研发领先，实力强大，发挥主导作用；比利时、西班牙在该领域的前沿研究中作用也较重

表2.2 "生鲜食品微生物污染的爆发与防控"研究前沿中核心论文的Top产出国家和机构

排名	国家	核心论文/篇	比例/%	排名	机构	国家	核心论文/篇	比例/%
1	美国	9	39.1	1	根特大学	比利时	5	21.7
2	西班牙	6	26.1	2	都柏林理工学院	爱尔兰	4	17.4
3	比利时	5	21.7	3	美国疾病控制与预防中心	美国	3	13.0
4	爱尔兰	4	17.4	3	西班牙科学研究委员会	西班牙	3	13.0
5	韩国	2	8.7	5	中央大学	韩国	2	8.7
5	英国	2	8.7	5	比利时Inagro农业研究所	比利时	2	8.7
				5	普渡大学	美国	2	8.7

表2.3 "生鲜食品微生物污染的爆发与防控"研究前沿中施引论文的Top10产出国家和机构

排名	国家	施引论文/篇	比例/%	排名	机构	国家	施引论文/篇	比例/%
1	美国	375	39.2	1	美国农业部	美国	91	9.5
2	西班牙	101	10.6	2	根特大学	比利时	46	4.8
3	韩国	67	7.0	3	西班牙科学研究委员会	西班牙	37	3.9
4	中国	66	6.9	4	美国食品药品监督管理局	美国	34	3.6
5	比利时	60	6.3	5	佛罗里达大学	美国	31	3.2
6	德国	48	5.0	6	中央大学	韩国	26	2.7
7	加拿大	44	4.6	6	加利福尼亚大学戴维斯分校	美国	26	2.7
8	意大利	38	4.0	8	都柏林理工学院	爱尔兰	25	2.6
9	英国	38	4.0	9	马里兰大学	美国	24	2.5
10	爱尔兰	36	3.8	10	卡塔赫纳理工大学	西班牙	23	2.4
				10	美国疾病控制与预防中心	美国	23	2.4

大。中国则表现为积极参加该领域热点前沿的跟进研究。

2.1.3 重点热点前沿——植物先天免疫机制

植物先天免疫是植物免疫系统的重要组成部分,是植物抵御病害的重要屏障。在该免疫过程中,植物能通过细胞表面免疫受体和胞内免疫受体感受来源于病原微生物的分子,从而激活先天免疫,抵御病原物的侵染,因此,通过研究植物先天免疫可以为作物抗病育种提供重要靶标。长期以来,寻找植物细胞表面针对各种病原微生物相关分子的特异性识别受体,成为理解植物先天免疫反应的关键。

该热点前沿共有核心论文12篇,主要围绕在研究植物先天免疫调控中扮演重要作用的模式识别受体或调控受体的相关作用机制。其中,2010年北京生命科学研究所研究人员发表在 Cell Host & Microbe 的论文"Receptor-like Cytoplasmic Kinases Integrate Signaling from Multiple Plant Immune Receptors and Are Targeted by a Pseudomonas Syringae Effector"被引频次最高,达179次,该文发现了植物先天免疫信号传导重要新元件——寄主胞质内受体类似激酶丁香假单胞菌效应蛋白 AvrPphB 的作用机制。以这些核心论文为代表的研究工作不断丰富和充实了植物先天免疫机制研究,为作物抗病育种奠定了重要的理论基础。

从国家和机构层面(表2.4)来看,共7个国家参与了该热点前沿核心论文的发表,其中中国是主要产出国,参与发表了5篇,占该前沿核心论文总量的41.7%。此外,美国和英国各参与发表了4篇核心论文,占比分别为33.3%。为这些国家发表论文做出重要贡献的机构分别是来自中国的中国科学院和北京生命科学研究所,来自英国的约翰·英纳斯研究中心及来自美国的得克萨斯农工大学。

从后续不同国家和机构对该前沿的跟进情况(表2.5)来看,美国贡献了169篇施引论文,占总施引论文量的34.3%,

表2.4 "植物先天免疫机制"研究前沿中核心论文的 Top 产出国家和机构

排名	国家	核心论文/篇	比例/%	排名	机构	国家	核心论文/篇	比例/%
1	中国	5	41.7	1	约翰·英纳斯研究中心	英国	4	33.3
2	英国	4	33.3	2	中国科学院	中国	3	25.0
2	美国	4	33.3	2	北京生命科学研究所	中国	3	25.0
4	德国	2	16.7	4	得克萨斯农工大学	美国	2	16.7
4	日本	2	16.7	4	图宾根大学	德国	2	16.7
4	瑞士	2	16.7	4	巴塞尔大学	瑞士	2	16.7
7	荷兰	1	8.3					

位居第一。中国位居第二,贡献了 106 篇施引论文,占比为 21.5%。核心论文量位居第二的英国的施引论文量是 86 篇,占比为 17.4%,位居第三。在机构层面,英国的约翰·英纳斯研究中心以 54 篇施引论文名列第一,其次是德国的马普学会(33 篇),排在第三的是中国科学院,有 30 篇。

综合分析热点前沿"植物先天免疫"机制的核心论文与施引论文的结果表明,中国、美国、英国和德国既是该热点前沿核心论文的重要产出国又是施引论文的重要国家。

表 2.5 "植物先天免疫机制"研究前沿中施引论文的 Top10 产出国家和机构

排名	国家	施引论文/篇	比例/%	排名	机构	国家	施引论文/篇	比例/%
1	美国	169	34.3	1	约翰·英纳斯研究中心	英国	54	11.0
2	中国	106	21.5	2	马普学会	德国	33	6.7
3	英国	86	17.4	3	中国科学院	中国	30	6.1
4	德国	85	17.2	4	图宾根大学	德国	26	5.3
5	日本	39	7.9	5	加利福尼亚大学戴维斯分校	美国	21	4.3
6	法国	28	5.7	6	巴塞尔大学	瑞士	20	4.1
7	瑞士	24	4.9	7	得克萨斯农工大学	美国	19	3.9
8	荷兰	23	4.7	8	康奈尔大学	美国	16	3.2
9	韩国	17	3.4	9	瓦格宁根大学	荷兰	15	3.0
10	西班牙	15	3.0	10	北京生命科学研究所	中国	14	2.8
				10	法国国家农业科学研究院	法国	14	2.8

第 3 章　生态与环境科学

3.1 热点前沿及重点热点前沿解读

3.1.1 生态与环境科学领域 Top 10 热点前沿发展态势

生态与环境科学领域位居 Top 10 的热点前沿见表 3.1 和图 3.1。环境污染问题是该领域的研究重点，5 个热点前沿涉及不同的污染问题："海洋环境中的微塑料污染""福岛核事故对环境的影响"，"溴系阻燃剂对环境的影响及其替代者有机磷阻燃剂""全球性汞污染"，以及"土壤和沉积物重金属污染"。其中"海洋环境中的微塑料污染"和"福岛核事故对环境的影响"连续进入 2015 年和 2016 年 Top 10 热点前沿。

两栖类动物壶菌病的研究在继 2013

表 3.1　生态与环境科学领域 Top10 热点前沿

排名	热点前沿	核心论文/篇	被引频次	核心论文平均出版年
1	海洋环境中的微塑料污染	43	2789	2013.1
2	福岛核事故对环境的影响	20	1739	2012.3
3	生态系统服务	41	4639	2012
4	两栖类动物的传染性疾病：壶菌病的生态学研究	23	2336	2011.7
5	生物多样性丧失对生态系统功能和生态系统服务的影响	8	1954	2011.5
6	溴系阻燃剂对环境的影响及其替代者有机磷阻燃剂	27	2981	2011.4
7	全球性汞污染	22	2306	2011.4
8	β多样性	9	1470	2011.3
9	生态物种形成的遗传学和基因组学研究	33	5381	2010.9
10	土壤和沉积物重金属污染	31	2727	2010.9

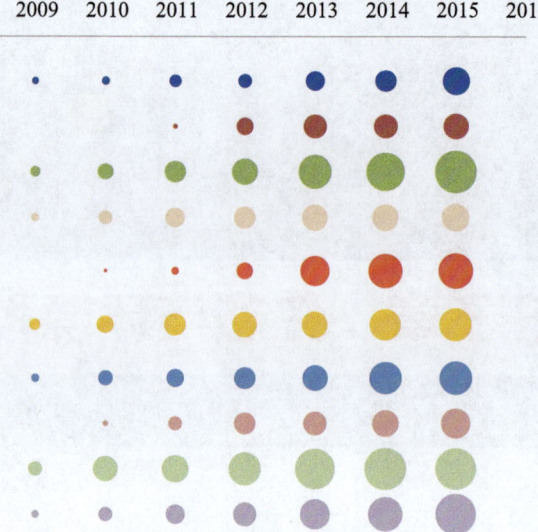

图 3.1　生态与环境科学领域 Top10 热点前沿的施引论文

年成为 Top 10 热点前沿之后,"两栖类动物的传染性疾病:壶菌病的生态学研究"今年再一次入选 Top 10 热点前沿。对于 2016 年生态学领域的热点前沿之一的"生物多样性丧失对生态系统功能和生态系统服务的影响",历年相关的热点前沿包括 2013 年的 Top 10 热点前沿之一的"生物多样性和生态系统功能"和 2015 年的"功能和系统发育多样性作为生物多样性 - 生态系统 - 功能之间关系的预测指标"。而"生态系统服务""β 多样性"和"生态物种形成的遗传学和基因组学研究"则是今年 3 个新入选的 Top 10 热点前沿。

3.1.2　重点热点前沿——海洋环境中的微塑料污染

微塑料(microplastics or microplastic debris)一般指的是毫米级别甚至微米级别的塑料碎片。微塑料在海洋中,或悬浮在水中,或沉积到海底成为沉积物的组分。由于其特殊的理化性状,微塑料污染对海洋环境造成的影响远比大型塑料要大得多。微塑料污染是海洋面临的一个新的热点环境问题。

该热点前沿中的 43 篇核心论文,主要集中在两个主题:海洋微塑料污染状况的地域调查和海洋微塑料及其吸附的持久性有机污染物(persistent organic pollutants,POPs)对海洋生物的影响。

海洋微塑料污染状况的地域调查研究表明,微塑料几乎已遍布整个海洋,广泛存在于海滩、表层海水、海底沉积物,甚至出现在最偏远的极地冰川和深海沉积物中。根据核心论文中的数据,2014 年美国五环流研究所的马库斯·埃里克森等来自 6 个国家的科学家在 *PLOS ONE* 发表论文,认为大型塑料在 5 个副热带环流中降解成塑料微粒,最小的塑料微粒则出现在更偏远的海域。

海洋微塑料对海洋生物的影响方面，生物体中微塑料的污染状况以及造成的生态效应和健康风险是当前微塑料研究着重关注的问题。海洋微塑料极易被海洋生物误食。该前沿的 23 篇核心论文的研究显示，浮游动物，浮游和底栖鱼虾、螃蟹、海鸟的消化道里都检测到微塑料。研究还表明人工养殖的贻贝比野生的体内检测出更多的塑料微粒。多篇核心论文还显示微塑料可以把本身所含的一些有毒物质和吸附的持久性有机污染物（包括多氯联苯、石油烃类、有机氯农药、多溴醚、烷基酚和双酚 A 等）释放传递给各种生物，不但对海洋生物造成直接的毒害，并且这些毒物可以沿食物链进行传递、生物富集，最终危害人类。

这些研究表明海洋微塑料污染形势严峻，国际上越来越多的国家开始关注海洋塑料污染问题。以英国和美国为首的 27 个国家为该前沿贡献了核心论文（表 3.2）。而参加施引论文产出的国家则增加为 76 个。很多国家或地区在加大对微塑料研究力度的同时，还制定了一些法规或政策来减少微塑料污染，如禁止在化妆产品中添加塑料微珠等。中国微塑料污染相关研究没有入选核心论文，但在该前沿的施引论文达到 32 篇，已经位于第 11 位（表 3.3）。其中一篇是华东师范大学施华宏的研究小组 2015 年发表在 Science Technology 上的论文"中国食用盐中发现含有微塑料"，被美国杂志 Scientific American 报道，国内各大媒体和网站给予转载，产生较大的社会反响。解决海洋微塑料污染问题不仅需要科学家的努力，还需要社会和广大民众的高度重视，以减少塑料制品的释放。

表 3.2 "海洋环境中的微塑料污染"研究前沿中核心论文的 Top 产出国家和机构

排名	国家	核心论文/篇	比例/%	排名	机构	国家	核心论文/篇	比例/%
1	英国	16	37.2	1	普利茅斯大学	英国	10	23.3
2	美国	14	32.6	2	埃克塞特大学	英国	7	16.3
3	澳大利亚	5	11.6	3	美国海洋教育协会	美国	5	11.6
3	加拿大	5	11.6	3	艾尔加利塔海洋研究基金会	美国	5	11.6
5	智利	4	9.3	5	北卡罗来纳州立大学	美国	4	9.3
6	法国	3	7.0	5	五环流研究所	美国	4	9.3
6	挪威	3	7.0	7	伍兹霍尔海洋研究所	美国	3	7.0
				7	普利茅斯海洋研究所	英国	3	7.0
				7	Akvaplan-niva 环保公司	挪威	3	7.0
				7	西澳大利亚大学	澳大利亚	3	7.0
				7	北方天主教大学	智利	3	7.0

表 3.3 "海洋环境中的微塑料污染"研究前沿中施引论文的 Top 产出国家和机构

排名	国家	施引论文/篇	比例/%	排名	机构	国家	施引论文/篇	比例/%
1	美国	211	27.4	1	普利茅斯大学	英国	39	5.1
2	英国	104	13.5	2	法国海洋开发研究院	法国	23	3.0
3	德国	81	10.5	3	埃克塞特大学	英国	19	2.5
4	澳大利亚	68	8.8	3	美国国家海洋与大气管理局	美国	19	2.5
5	加拿大	53	6.9	5	瓦格宁根大学	荷兰	17	2.2
6	法国	49	6.4	5	韩国海洋科学技术院	韩国	17	2.2
7	巴西	46	6.0	7	联邦科学与工业研究组织	澳大利亚	16	2.1
8	意大利	43	5.6	8	联邦伯南布哥州大学	巴西	15	1.9
9	荷兰	35	4.5	8	美国海洋教育协会	美国	15	1.9
10	西班牙	34	4.4	8	夏威夷大学	美国	15	1.9
11	中国	32	4.2					

3.1.3 重点热点前沿——生物多样性丧失对生态系统功能和生态系统服务的影响

随着人口的增长和人类社会活动的加剧，生物多样性正以惊人的速度丧失。越来越多的证据表明，生物多样性丧失会降低生态系统的功能，如生产力下降、养分循环失衡、传粉能力下降等。人类依赖于生态系统提供的产品和服务则直接来自于生态系统功能。自 2007 年 Hector 和 Bagchi 首次定量分析了生物多样性对多个生态系统过程的影响之后，生物多样性对生态系统功能和生态系统服务的影响逐渐成为当前生态学研究的热点。该热点前沿中共有 8 篇核心论文，均发表在顶级期刊上，其中 3 篇发表在 *Nature* 上，3 篇发表在 *Science* 上，1 篇发表在 *PNAS* 上，还有 1 篇发表在 *American Journal of Botany* 上。其中，美国密歇根大学的 Cardinale 教授等发表于 2012 年的一篇综述论文受到 614 次引用。该热点前沿的研究指出在不同的时空尺度、环境条件下，维持生态系统多个功能比单个功能需要更多的物种。另外，对单个生态系统过程、功能或尺度分析的研究，往往会低估生物多样性对生态系统功能的作用。

共有 23 个国家参与了 8 篇核心论文。104 个国家参与 1346 篇施引论文。美国参与了所有 8 篇核心论文，并贡献了 531 篇施引论文，占比为 39.5%（表 3.4 和表 3.5）。中国参与了 1 篇核心论文，贡献了 102 篇施引论文。中国科学院以 53 篇施引论文在施引论文 Top 10 机构排在第 2 名。

表 3.4 "生物多样性丧失对生态系统功能和生态系统服务的影响"研究前沿中核心论文的 Top 产出国家和机构

排名	国家	核心论文/篇	比例/%	排名	机构	国家	核心论文/篇	比例/%
1	美国	8	100	1	麦吉尔大学	加拿大	4	50.0
2	加拿大	4	50.0	1	威廉与玛丽学院	美国	4	50.0
3	瑞典	3	37.5	1	明尼苏达大学双城分校	美国	4	50.0
3	澳大利亚	3	37.5	4	西华盛顿大学	美国	3	37.5
5	瑞士	2	25.0	4	加利福尼亚大学圣克鲁兹分校	美国	3	37.5
5	墨西哥	2	25.0	4	密歇根大学	美国	3	37.5
5	德国	2	25.0	4	英属哥伦比亚大学	加拿大	3	37.5

表 3.5 "生物多样性丧失对生态系统功能和生态系统服务的影响"研究前沿中施引论文的 Top 产出国家和机构

排名	国家	施引论文/篇	比例/%	排名	机构	国家	施引论文/篇	比例/%
1	美国	531	39.5	1	明尼苏达大学德卢斯分校	美国	67	5.0
2	德国	257	19.1	2	中国科学院	中国	53	3.9
3	英国	240	17.8	3	法国国家农业科学研究院	法国	52	3.9
4	澳大利亚	182	13.5	3	瓦格宁根大学	荷兰	52	3.9
5	法国	159	11.8	5	苏黎世大学	瑞士	44	3.3
6	加拿大	138	10.3	6	西悉尼大学	澳大利亚	43	3.2
7	瑞士	127	9.4	6	法国国家科学研究中心	法国	43	3.2
8	西班牙	123	9.1	8	哥廷根大学	德国	42	3.1
9	荷兰	115	8.5	9	德国综合生物多样性研究中心	德国	41	3.0
10	中国	102	7.6	9	亥姆霍兹环境研究中心	德国	41	3.0

事实上，很多国家对生物多样性丧失与生态系统服务功能退化问题表现出重视，目前已有 124 个国家加入生物多样性和生态系统服务政府间科学-政策平台（IPBES），该平台在联合国环境规划署（UNEP）的倡导下，于 2012 年在巴拿马正式成立。

3.2 新兴前沿及重点新兴前沿解读

3.2.1 新兴前沿概述

生态与环境科学领域有 2 项研究入选新兴前沿,"内吸性杀虫剂(新烟碱和氟虫腈)对非目标生物及环境的影响"和"水结构、离液性和亲液性:使用、滥用及其生物学意义"(表 3.6)。

3.2.2 重点新兴前沿——内吸性杀虫剂(新烟碱和氟虫腈)对非目标生物及环境的影响

内吸性杀虫剂是具有内吸传导性能的杀虫剂,新烟碱类农药和氟虫腈是目前全球使用最为广泛的内吸性杀虫剂。害虫与非靶标生物由于具有相似的作用位点,内吸性杀虫剂在杀死害虫的同时,也对非靶标生物造成毒害,有些内吸性杀虫剂也可以通过二次中毒杀死捕食者。

近年来,蜜蜂等授粉昆虫数量大规模的骤减引起各界极大关注。虽然具体原因尚未定论,但内吸性杀虫剂对非目标生物的影响已被广泛认可。该新兴前沿中的 7 篇核心论文,均来自 2015 年,这提供了更多的证据:包括新烟碱和氟虫腈在内的内吸性杀虫剂不仅"误伤"各种授粉类昆虫,而且会对蚯蚓、鸟类和鱼类等非目标生物造成不利影响,从而可能导致生物多样性丧失。

不同国家和地区已经采取了针对性的举措禁用新烟碱等内吸性杀虫剂。欧盟于 2013 年 5 月底出台禁令,从当年 12 月起禁止使用噻虫胺、吡虫啉、噻虫嗪三种新烟碱类杀虫剂。目前已将重新评估时间延长至 2017 年 1 月。法国于 2016 年 3 月 17 日举行的国民议会已经投票赞成一项关于新烟碱类杀虫剂的禁令,该禁令将从 2018 年 9 月 1 日开始在全法国范围内实行,届时,新烟碱类杀虫剂将被禁止在所有农作物上使用,包括禁止用于种子处理。

表 3.6 生态与环境科学领域的 2 个新兴前沿

序号	新兴前沿	核心论文/篇	被引频次	核心论文平均出版年
1	内吸性杀虫剂(新烟碱和氟虫腈)对非目标生物及环境的影响	7	108	2015
2	水结构、离液性和亲液性:使用、滥用及其生物学意义	9	124	2014.8

第 4 章 地球科学

4.1 热点前沿及重点热点前沿解读

4.1.1 地球科学领域 Top 10 热点前沿发展态势

地球科学领域 Top10 研究前沿延续气候变化与地球化学、固体地球物理学和地质学研究平分秋色之势。气候变化研究方面的热点包括：全球变暖突然趋缓（hiatus 现象）、气候系统模式研究、高亚洲冰川质量变化研究、土壤碳循环对气候变化的响应、北极放大效应与中纬度极端天气的关系、末次间冰期气候变化研究；地球化学研究热点包括内陆水体和海洋的碳循环、地球早期海洋的演化以及与之相关的生物进化，固体地球物理学和地质学研究热点包括 2011 年东日本大地震同震滑动研究、下一代地震动衰减地面运动预测模型研究（表 4.1 和图 4.1）。

表 4.1 地球科学领域 Top10 热点前沿

排名	热点前沿	核心论文/篇	被引频次	核心论文平均出版年
1	北极放大效应与中纬度极端天气的关系	40	2700	2012.9
2	土壤碳循环对气候变化的响应	36	3089	2012.6
3	全球变暖突然趋缓（hiatus 现象）	47	4962	2012.4
4	地球早期海洋的演化以及与之相关的生物进化	50	6328	2012.2
5	气候系统模式研究	31	3793	2012.2
6	高亚洲冰川质量变化研究	30	3220	2012.1
7	下一代地震动衰减地面运动预测模型研究	22	2204	2012
8	2011 年东日本大地震同震滑动研究	22	2391	2011.9
9	内陆水体和海洋的碳循环	13	1861	2011.9
10	末次间冰期气候变化研究	16	1746	2011.8

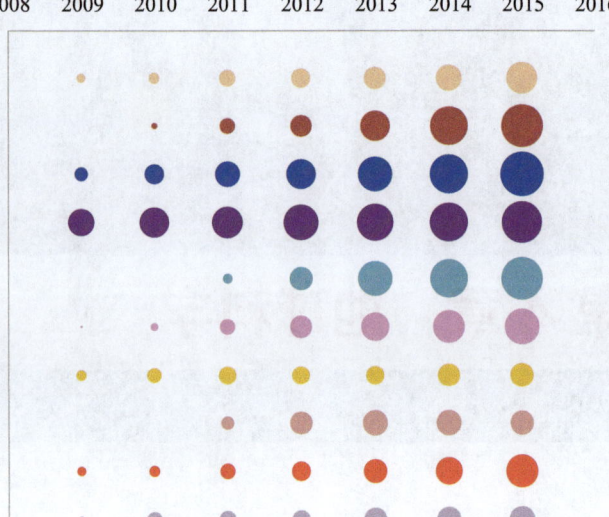

图 4.1 地球科学领域 Top10 热点前沿的施引论文

4.1.2 重点热点前沿——全球变暖突然趋缓（hiatus 现象）

作为 21 世纪国际气候变化研究的一个全新热点，全球变暖突然趋缓在国际上备受关注——大量观测数据显示，自 20 世纪末（1998 年）以来，尽管大气中的温室气体浓度持续增加，但全球温度年均值并未升高。这一现象也被称为 hiatus（"间断"或"停滞"）现象。由于 hiatus 现象的发现可能对盛行的"人类活动导致气候变暖"的观点构成挑战，因此吸引了科学界的热切关注，进而引发普通民众对气候变暖问题的诸多疑虑和热议。

在科学领域，人们对全球表面陆地和海洋温度数据进行了大量校正和比对，并重点从辐射强迫的影响和气候系统内部自然变率的影响两个角度研究了可能导致全球变暖突然趋缓的各种机制。目前普遍的看法是：现阶段的全球变暖趋缓是自然气候变率的一部分，从历史上看不足为奇，但是各种作用机制的相对重要性仍缺乏定量分析证据；尽管未来还有可能发生类似的全球变暖突然趋缓事件，但随着温室气体浓度增加，已经持续数十年的全球变暖趋势仍很有可能延续下去。

对 hiatus 现象的科学研究报道始于 2009 年，至 2015 年短短几年间围绕该问题的科学研究已形成一个特色鲜明、引人注目的热点前沿，位列地球科学领域 Top 10 热点前沿第三位，核心论文 47 篇。除 *Nature Climate Change* 于 2014 年 3 月专题刊发了气候科学专家对全世界热议的近年来地球表面温度升高的趋势突然减缓问题的系列讨论之外，*Science*、*Journal of Geophysical Research-Atmospheres*、*Nature* 等顶级综合期刊和地球科学期刊也刊发了大量相关研究成果。

有 17 个国家参与了 hiatus 现象研究

47篇核心论文的研究工作。从国家和机构层面看，美国占据绝对领先优势，中国贡献了4篇核心论文，与德国并列排名世界第6位（表4.2）。中国科学院、中国海洋大学各参与了2篇论文工作。

从不同国家和机构对该研究前沿的跟进情况看，美国贡献了超过一半的施引论文，遥遥领先于其他国家；核心论文数排名第2位的英国施引论文数也稳居次席；中国在该领域积极跟进，产出施引论文280篇，排名第5位，其中中国科学院施引论文数排名世界第5位（表4.3）。

表4.2 "全球变暖突然趋缓（hiatus现象）"研究前沿中核心论文的Top产出国家和机构

排名	国家	核心论文/篇	比例/%	排名	机构	国家	核心论文/篇	比例/%
1	美国	40	85.1	1	美国国家大气研究中心	美国	14	29.8
2	英国	11	23.4	2	美国国家海洋与大气管理局	美国	12	25.5
3	澳大利亚	10	21.3	3	美国国家航空航天局	美国	10	21.3
4	加拿大	8	17.0	4	夏威夷大学马诺阿分校	美国	6	12.8
5	法国	5	10.6	4	加州理工学院	美国	6	12.8
6	德国	4	8.5	6	英国气象局	英国	5	10.6
6	中国	4	8.5	7	加利福尼亚大学圣迭戈分校	美国	4	8.5
8	瑞士	3	6.4	7	联邦科学与工业研究组织	澳大利亚	4	8.5
8	日本	3	6.4					

表4.3 "全球变暖突然趋缓（hiatus现象）"研究前沿中施引论文的Top产出国家和机构

排名	国家	施引论文/篇	比例/%	排名	机构	国家	施引论文/篇	比例/%
1	美国	1408	52.3	1	美国国家海洋与大气管理局	美国	260	9.7
2	英国	521	19.4	2	美国国家航空航天局	美国	242	9.0
3	德国	413	15.3	3	美国国家大气研究中心	美国	217	8.1
4	法国	285	10.6	4	科罗拉多大学	美国	145	5.4
5	中国	280	10.4	5	中国科学院	中国	144	5.3
6	澳大利亚	256	9.5	6	英国气象局	英国	143	5.3
7	加拿大	197	7.3	7	加州理工学院	美国	135	5.0
8	日本	181	6.7	8	雷丁大学	英国	111	4.1
9	瑞士	166	6.2	9	马普学会	德国	105	3.9
10	西班牙	133	4.9	10	苏黎世联邦理工学院	瑞士	104	3.9

4.1.3 重点热点前沿——内陆水体和海洋的碳循环

碳是地球上生命有机体的关键成分，它以 CO_2、碳酸盐及有机化合物等多种形式在环境中不断循环。大量研究表明，全球碳循环的动态变化与气候变化及人类活动影响有着密切关系。海洋碳循环是全球碳循环的重要组成部分，是影响全球变化的关键控制环节。海洋作为一个巨大的碳库，具有吸收和储存大气 CO_2 的能力，影响着大气 CO_2 的收支平衡，研究碳在海洋中的转移和归宿，对于预测未来大气中 CO_2 含量乃至全球气候变化具有重要意义。与海洋相比，虽然内陆水体（如河流、湖泊等）的面积经常小到被忽略，但由于内陆水体对人类活动排放的碳有着强烈的汇集，内陆水体富营养化对其生产和分解过程有着强力拉动，内陆水体的碳源汇功能十分活跃，因而内陆水体对陆地碳循环会产生重要影响。

了解各碳库尤其是海洋和内陆水体的碳循环过程及其动态变化，通过物理、化学和生物反馈机制来认识上述碳库碳循环与气候变化、生态系统、人类活动等的相互作用与影响过程已经成为当前地球科学领域研究的热点。

热点前沿"内陆水体和海洋的碳循环"的核心论文主要集中在揭示内陆水体（如河流、河流网络、湖泊、水库、湿地等）和海洋的碳降解和碳排放以及上述碳排放如何抵消碳汇。陆地到海洋的碳通量如何受人类因素的影响以及不断变化中的沿海海洋碳循环也都是该热点前沿致力于解决的问题。

根据核心论文的产出国家和机构的分析（表 4.4），可以看出，美国在该领域的表现尤为突出，美国参与了绝大多数核心论文（11 篇）的工作。在美国之后，瑞典在该研究领域也成果显著。瑞典乌普萨拉大学发表了 5 篇核心论文，在本领域所有研究机构中位列第一。

表 4.4 "内陆水体和海洋的碳循环"研究前沿中核心论文的 Top 产出国家和机构

排名	国家	核心论文/篇	比例/%	排名	机构	国家	核心论文/篇	比例/%
1	美国	11	84.6	1	乌普萨拉大学	瑞典	5	38.5
2	瑞典	5	38.5	2	耶鲁大学	美国	4	30.8
2	巴西	5	38.5	3	华盛顿大学	美国	3	23.1
4	法国	4	30.8	3	布鲁塞尔自由大学	比利时	3	23.1
4	比利时	4	30.8					
6	德国	3	23.1					
6	加拿大	3	23.1					
6	荷兰	3	23.1					

从表 4.5 的数据可以看出，美国的施引论文最多，达 554 篇，占全部施引论文的 44.4%。瑞典、英国、加拿大、德国、中国的施引论文数量分列 2～6 位，所占比例均超过 10%。施引论文 Top 机构中有 4 家属于瑞典，反映出瑞典研究机构对该领域的关注。相比而言，美国仅有 2 家机构入选施引论文 Top 机构。中国科学院以 66 篇施引论文位于施引论文数量 Top 机构的第 4 位。

综上所述，美国是内陆水体和海洋的碳循环研究领域的主要研究国家，瑞典在该领域的研究实力很强，英国、加拿大、德国等也是该领域的积极参与者。中国虽然在核心论文排行榜上籍籍无名，但施引论文数量排名迅速攀升，在一定程度上反映出中国对相关领域研究的重视和关注。

4.2 新兴前沿及重点新兴前沿解读

4.2.1 新兴前沿概述

地球科学领域有 2 项研究入选新兴前沿，"2012 年夏洛特皇后群岛地震断层带研究"和"基于 GEOTRACES 等计划开展的北大西洋和南大洋痕量元素组成研究"（表 4.6）。

表 4.5 "内陆水体和海洋的碳循环"研究前沿中施引论文的 Top 产出国家和机构

排名	国家	施引论文/篇	比例/%	排名	机构	国家	施引论文/篇	比例/%
1	美国	554	44.4	1	美国地质调查局	美国	79	6.3
2	瑞典	190	15.2	2	乌普萨拉大学	瑞典	77	6.2
3	英国	160	12.8	3	瑞典农业科学大学	瑞典	69	5.5
4	加拿大	158	12.7	4	中国科学院	中国	66	5.3
5	德国	154	12.3	5	魁北克大学	加拿大	47	3.8
6	中国	140	11.2	6	苏黎世联邦理工学院	瑞士	46	3.7
7	瑞士	99	7.9	7	威斯康星大学麦迪逊分校	美国	37	3.0
8	法国	96	7.7	8	于默奥大学	瑞典	36	2.9
9	澳大利亚	70	5.6	9	维也纳大学	奥地利	33	2.6
10	巴西	68	5.4	9	斯德哥尔摩大学	瑞典	33	2.6

表 4.6 地球科学领域的 2 个新兴前沿

序号	新兴前沿	核心论文/篇	被引频次	核心论文平均出版年
1	2012 年夏洛特皇后群岛地震断层带研究	8	100	2014.8
2	基于 GEOTRACES 等计划开展的北大西洋和南大洋痕量元素组成研究	11	203	2014.5

4.2.2 重点新兴前沿——基于 GEOTRACES 等计划开展的北大西洋和南大洋痕量元素组成研究

近年来，学术界逐渐认识到痕量元素在海洋生态系统动力学及碳循环中的重要作用，并考虑系统地研究全球痕量元素及其同位素的海洋生物地球化学循环，从而逐渐形成了一个新的国际科学研究计划——"痕量元素及其同位素的海洋生物地球化学研究"（GEOTRACES）。该计划旨在研究特定痕量元素（如铝、锰、铁、锌、铜、镉、钍等）及其同位素在全球海洋的分布情况以及上述元素的源、汇和内部循环情况；研究痕量元素及其同位素对全球变化的响应，帮助理解古海洋环境的演变过程以及预测未来海洋环境的变化。

2016 年度地球科学领域新兴前沿"基于 GEOTRACES 等计划开展的北大西洋和南大洋元素组成研究"利用近期开展的数次 GEOTRACES 测量等活动，在北大西洋和南大洋的痕量元素组成研究方面取得了重大进展，多项成果发表在 *Science*、*Nature* 等顶级期刊上。该前沿有 11 篇核心论文，参与的国家集中在美国、瑞士、德国、英国和法国。瑞士的表现最为抢眼，被引频次最高的两篇论文均来自瑞士的研究机构。2014 年，瑞士苏黎世联邦理工学院的研究人员对北大西洋溶解铁的来源进行了定量研究，同时还对末次冰期南大洋的铁施肥（iron fertilization）进行了研究。美国夏威夷大学、伍兹霍尔海洋研究所、英国利物浦大学等机构基于近期 GEOTRACES 测量的结果，分析了北大西洋和南大洋主要颗粒物的元素组成，研究了上述区域海洋的铁、锰、镉、铝等痕量元素的浓度、外部来源、内部循环以及富集等过程。

第5章 临床医学

5.1 热点前沿及重点热点前沿解读

5.1.1 临床医学领域 Top 10 热点前沿发展态势

临床医学领域研究前沿可归纳为"新药临床应用""药物耐受机制与基因监测",以及"致命传染病流行与防治"三个前沿群。

"新药临床应用"前沿群包括4个热点前沿:"直接抗病毒药物(DAAs)治疗丙型肝炎""免疫检查点抑制剂抗 PD-1 抗体治疗恶性黑色素瘤""PCSK9 单克隆抗体对高胆固醇血症患者 LDL 胆固醇影响"和"IL-17 单抗用于银屑病治疗"(表 5.1 和图 5.1)。

"药物耐受机制与基因监测"前沿群

表 5.1 临床医学领域 Top10 热点前沿

排名	热点前沿	核心论文/篇	被引频次	核心论文平均出版年
1	直接抗病毒药物(DAAs)治疗丙型肝炎	38	4743	2014.1
2	埃博拉病毒病流行与治疗	40	2949	2013.8
3	麦胶肠病及非麦胶肠病性麦胶敏感	42	2950	2013.6
4	东南亚恶性疟疾青蒿素抗药机制	19	2727	2013.5
5	循环肿瘤 DNA 用于肿瘤获得性抗药监测	17	2070	2013.5
6	免疫检查点抑制剂抗 PD-1 抗体治疗恶性黑色素瘤	15	10548	2013.4
7	PCSK9 单克隆抗体对高胆固醇血症患者 LDL 胆固醇影响	35	3442	2013.3
8	人感染 H7N9 禽流感病毒传播、流行及生物学特性	35	5064	2013.1
9	IL-17 单抗用于银屑病治疗	18	2189	2013.1
10	全基因组测序用于监测耐药病原菌爆发	21	2458	2012.9

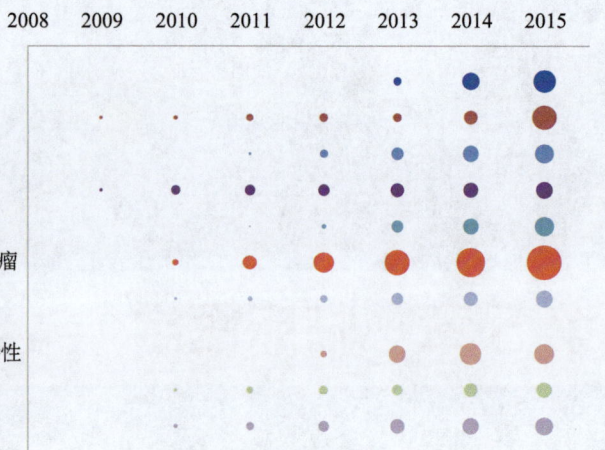

图 5.1 临床医学领域 Top10 热点前沿的施引论文

包括 3 个热点前沿,"东南亚恶性疟疾青蒿素抗药机制""循环肿瘤 DNA 用于肿瘤获得性抗药监测""全基因组测序用于监测耐药病原菌爆发",关注恶性疟疾、肿瘤及肺结核等疾病耐药发生机制及基因检测。

"致命传染病流行与防治"前沿群则包括"埃博拉病毒病流行与治疗""人感染 H7N9 禽流感病毒传播、流行及生物学特性" 2 个热点前沿,重点报道非洲多地区埃博拉疫情与临床治疗及人感染高致病性 H7N9 禽流感传播与致病机理。

结合往年的热点前沿发现,直接抗病毒药物(DAAs)治疗丙型肝炎、PCSK9 抑制剂降低 LDL 胆固醇和致命传染病(埃博拉病毒病、禽流感、中东呼吸综合征 MERS 等)防治这 3 个主题在近几年具有较高的研究热度和持续性。

5.1.2 重点热点前沿——直接抗病毒药物(DAAs)治疗丙型肝炎

丙型肝炎病毒(HCV)感染是全球性公共卫生问题。据世界卫生组织统计,2015 年全球 HCV 感染人数约 1.5 亿。由此引起的慢性丙型肝炎(CHC)可并发肝硬化、肝癌等严重肝病,每年造成约 50 万人死亡。丙肝标准治疗方案为聚乙二醇干扰素 -α(PegIFN-α)联合利巴韦林(RVB)(即 PR 方案),以清除病毒为目标,需持续治疗 24 ~ 48 周,多数患者可获得治愈,但还有相当一部分患者因无法耐受、治疗无应答、停药复发等原因不能使用此方案。

直接抗病毒药物(direct-acting antiviral agents,DAAs)的出现为丙肝抗病毒治疗带来革命性突破,不联合干扰素时疗效仍十分显著。DAAs 新药 Simeprevir、Sofosbuvir 用于初治丙肝治疗研究曾于 2015 年入选临床医学新兴前沿。2016 年,"直接抗病毒药物(DAAs)治疗丙型肝炎"研究进而发展成为年度重点热点前沿。该前沿共入选 38 篇核心论文,关注 DAAs 新药 Sofosbuvir(20 篇,占 52.63%)、Simeprevir(6 篇)、Viekira Pak(4 篇)单药或联合治疗不同基因型和治疗状态丙肝Ⅱ-Ⅲ期临床疗效。这些研究结果表明,

DAAs具备服药方便、疗程短、治愈率高、不良反应少、适用范围广及患者依从性好等突出优势，有望取代传统的干扰素注射疗法，成为丙肝抗病毒治疗一线用药。

2013年12月，吉利德（Gilead）科学公司研发的Sofosbuvir片剂（商品名Sovaldi）获FDA批准，用于联合PR方案治疗基因1/4型或联合RVB治疗基因2型/3型CHC。Sofosbuvir重新定义了丙肝临床治疗标准，被医学界视为丙肝治疗突破性药物，开启了口服治疗新时代。Sovaldi上市后即席卷整个丙肝医药市场，市场份额达85%，吉利德公司也凭此跻身一线药物研发公司。杨森（Janssen）公司的Simeprevir胶囊（商品名Olysio）早于Sovaldi获FDA批准，但Olysio必须联合PR方案，具有较大的局限性。2014年12月，艾伯维（AbbVie）公司的复方药Viekira Pak作为第一款突破性治疗药物获FDA加速批准，用于基因Ⅰ型CHC治疗，包括已并发肝硬化的患者。Viekira Pak为丙肝全口服无干扰素鸡尾酒疗法药物，其成功上市帮助艾伯维公司在丙肝治疗缝隙市场实现突破，瓦解了吉利德科学公司一家独大的局面，也为广大丙肝患者带来福音。

众多临床试验的成功、DAAs新药不断获批上市，使得世界卫生组织、欧洲、美国等在最新发布的临床指南中均推荐将DAAs作为丙肝治疗标准方案。在欧美地区，DAAs已取代PR方案广泛应用于临床。尽管DDAs生产成本低，但药价高，即使是发达国家医保用户也很难承受。DDAs在全球范围内的应用还需大量的工作。

"直接抗病毒药物（DAAs）治疗丙型肝炎"热点前沿国家表现中（表5.2和表5.3），以美国最为活跃，贡献了35篇（92.1%）核心论文及645篇（48.4%）施引论文，远超其他国家。核心论文和施引论文产出国家和机构Top 10里，美国分别占据9个和6个名额，充分享有该前沿研究的核心、优势、主导地位。位于美国加利福尼亚州的享有"全球增长最快制药公司"声誉的吉利德科学公司无论是在核心论文量还是施引论文量上都是排名第一的机构。

表5.2 "直接抗病毒药物（DAAs）治疗丙型肝炎"研究前沿中核心论文的Top10产出国家和机构

排名	国家	核心论文/篇	比例/%	排名	机构	国家	核心论文/篇	比例/%
1	美国	35	92.1	1	吉利德科学公司	美国	17	44.7
2	法国	13	34.2	1	得克萨斯大学圣安东尼奥卫生健康中心	美国	17	44.7
3	德国	11	28.9	3	康奈尔大学	美国	11	28.9
3	西班牙	11	28.9	4	法兰克福大学	德国	10	26.3
5	比利时	10	26.3	4	弗吉尼亚梅森医疗中心	美国	10	26.3
5	英国	10	26.3	6	艾伯维公司	美国	8	21.1
7	加拿大	9	23.7	6	约翰·霍普金斯大学	美国	8	21.1
7	意大利	9	23.7	8	佛罗里达大学	美国	7	18.4
9	澳大利亚	8	21.1	8	宾夕法尼亚大学	美国	7	18.4
10	新西兰	6	15.8	10	北卡罗来纳大学教堂山分校	美国	6	15.8

表 5.3 "直接抗病毒药物（DAAs）治疗丙型肝炎"研究前沿中施引论文的 Top10 产出国家和机构

排名	国家	施引论文/篇	比例/%	排名	机构	国家	施引论文/篇	比例/%
1	美国	645	48.4	1	吉利德科学公司	美国	65	4.9
2	法国	165	12.4	2	约翰·霍普金斯大学	美国	54	4.1
3	德国	136	10.2	3	哈佛大学	美国	51	3.8
4	英国	122	9.2	4	巴黎第七大学	法国	45	3.4
5	意大利	115	8.6	4	得克萨斯大学圣安东尼奥卫生健康中心	美国	45	3.4
6	日本	106	8.0	6	法兰克福大学医院	德国	42	3.2
7	加拿大	89	6.7	6	宾夕法尼亚大学	美国	42	3.2
8	西班牙	89	6.7	8	汉诺威医学院	德国	38	2.9
9	澳大利亚	56	4.2	8	康奈尔大学	美国	38	2.9
10	比利时	51	3.8	10	法国国家健康与医学研究院	法国	35	2.6

5.1.3 重点热点前沿——免疫检查点抑制剂抗 PD-1 抗体治疗恶性黑色素瘤

黑色素瘤是皮肤肿瘤中危害最大的一种，欧美地区发病率较高，中国发病率较低。早期患者多可通过手术切除治愈，而一旦发生远处转移，预后很差，5 年生存率低于 10%，亟需寻找有效治疗方式。

肿瘤免疫治疗方式的出现，为广大患者带来了希望。免疫检查点是免疫系统中起保护作用的分子，有类似刹车作用，调节免疫反应强度，阻止 T 细胞过度激活损伤组织。肿瘤细胞利用免疫检查点的这一特性，抑制 T 细胞激活，逃脱机体免疫监视与杀伤。免疫检查点抑制剂可重新激活 T 细胞对肿瘤细胞的免疫应答而发挥抗肿瘤作用，近年来备受关注。

目前，研究和应用最广泛的免疫检查点抑制剂主要有细胞毒性 T 淋巴细胞相关抗原 -4（CTLA-4）抑制剂、程序性细胞死亡受体 1（PD-1）抑制剂和 PD-L1 抑制剂等。其中，"免疫检查点抑制剂抗 PD-1 抗体治疗恶性黑色素瘤"成为 2016 年的热点前沿，重点关注 PD-1 抗体对无法手术切除或已转移、他药无应答的恶性黑色素瘤疗效。该热点前沿入选 15 篇核心论文，其中 14 篇发表在世界顶级医学杂志 Nature、Lancet、NEJM 上。波士顿丹娜法伯癌症研究院 Stephen Hodi 教授于 2010 年 6 月发表在 NEJM 上的一项研究被引高达 2992 次，该临床Ⅲ期研究首次证实 Ipilimumab（CTLA-4 抑制剂）能延长恶性黑色素瘤患者生存期。该研究为 Yervoy（Ipilimumab 注射剂）获 FDA 批准上市提供了关键性支持。Ipilimumab 是 10 余年来唯一获 FDA 批准的晚期黑色素瘤药物，改变了恶性黑色素瘤几乎无药可救的窘境。2011 年 6 月，一项联合 Ipilimumab 和达卡巴嗪的研究第一次证明，过去长达 30 余年的恶性黑色素瘤标准治疗药物达卡巴嗪有可能被替代。遗憾的是，Ipilimumab 单药有效率仅为 10.9%，且长程治疗可能引发免疫介导的重度、致死性不良反应。

抗 PD-1 抗体为恶性黑色素瘤治疗提供了新方案。对无特异基因突变的晚期黑色素瘤患者，抗 PD-1 抗体治疗有效率可达 35%~47%，患者无进展生存率和总生存期延长，颠覆以往恶性黑色素瘤免疫治疗有效率低的认识。2014 年 9 月及 12 月，FDA 先后授予抗 PD-1 抗体药物 Pembrolizumab（商品名 Keytruda）和 Nivolumab（商品名 Opdivo）突破性疗法认定（breakthrough therapy designation），用于晚期或不可手术切除黑色素瘤治疗。4 个月即治愈美国前总统吉米·卡特晚期黑色素瘤的神秘免疫疗法药物即为默沙东公司的 Keytruda。由于单纯抑制 CTLA-4 会导致 PD-1 表达上调，抑制 T 细胞免疫功能，反之亦然。因此，丹娜法伯癌症研究院和纪念斯隆-凯特琳癌症中心开展抗 PD-1 抗体联合 CTLA-4 抑制剂治疗晚期黑色素瘤系列临床试验，结果显示联合方案患者应答率更高，虽然严重药物相关毒副反应发生率有所增加，但多数毒副反应在给予免疫调节药物后可以缓解，联合治疗安全性可以被接受。

美国参与该热点前沿全部核心论文发表（100%），一半以上的施引论文（55.2%）也有美国研究者参与，充分体现其在该前沿研究中的绝对优势。法国、加拿大、德国、澳大利亚等国家也表现活跃（表 5.4），而中国以 236 篇论文位居施引论文 Top 10 的第 9 名（表 5.5），为世界黑色素瘤治疗领域贡献了中国的声音。

表 5.4 "免疫检查点抑制剂抗 PD-1 抗体治疗恶性黑色素瘤"研究前沿中核心论文的 Top 产出国家和机构

排名	国家	核心论文/篇	比例/%	排名	机构	国家	核心论文/篇	比例/%
1	美国	15	100	1	百时美施贵宝	美国	10	66.7
2	法国	10	66.7	1	纪念斯隆-凯特琳癌症中心	美国	10	66.7
3	加拿大	7	46.7	3	哈佛大学	美国	9	60.0
4	德国	6	40.0	4	洛杉矶肿瘤诊疗及研究中心	美国	7	46.7
4	澳大利亚	6	40.0	4	古斯塔夫鲁西研究所	法国	7	46.7
6	意大利	5	33.3	6	澳大利亚黑色素瘤研究所	澳大利亚	5	33.3
7	荷兰	4	26.7	6	加利福尼亚大学洛杉矶分校	美国	5	33.3
7	西班牙	4	26.7	6	南佛罗里达大学	美国	5	33.3
7	英国	4	26.7	6	悉尼大学	澳大利亚	5	33.3
10	以色列	3	20.0	6	耶鲁大学	美国	5	33.3
10	比利时	3	20.0					
10	丹麦	3	20.0					

表 5.5 "免疫检查点抑制剂抗 PD-1 抗体治疗恶性黑色素瘤"研究前沿中施引论文的 Top10 产出国家和机构

排名	国家	施引论文/篇	比例/%	排名	机构	国家	施引论文/篇	比例/%
1	美国	2782	55.2	1	哈佛大学	美国	432	8.6
2	德国	459	9.1	2	纪念斯隆-凯特琳癌症中心	美国	244	4.8
3	法国	444	8.8	3	约翰·霍普金斯大学	美国	191	3.8
4	英国	412	8.2	4	得克萨斯大学安德森癌症中心	美国	189	3.7
5	意大利	391	7.8	5	美国国立卫生研究院	美国	180	3.6
6	澳大利亚	267	5.3	6	古斯塔夫鲁西研究所	法国	140	2.8
7	日本	242	4.8	7	耶鲁大学	美国	134	2.7
8	荷兰	241	4.8	8	宾夕法尼亚大学	美国	131	2.6
9	中国	236	4.7	8	匹兹堡大学	美国	131	2.6
10	加拿大	181	3.6	10	法国国家健康与医学研究院	法国	112	2.2

5.2 新兴前沿及重点新兴前沿解读

5.2.1 新兴前沿概述

临床医学领域有 21 项研究入选 2016 年的新兴前沿,可归纳为肿瘤、心血管系统疾病、呼吸系统疾病、消化系统疾病及传染性疾病诊疗等几大前沿群(表 5.6)。肿瘤诊疗方面,有 4 个前沿探索乳腺癌治疗方法改进、1 项研究非小细胞肺癌免疫治疗疗效、1 项研究新型靶向药物治疗难治性甲状腺癌。此外,院外心脏停搏、心衰、房颤等心血管疾病有效治疗措施改进研究,社区获得性肺炎糖皮质激素辅助治疗、嗜酸性哮喘靶向治疗及端粒基因突变与肺疾病相关性研究,埃博拉病毒病、链球菌性肺炎、脊髓灰质炎等传染性疾病传播和防治等研究主题也是 2016 年的新兴前沿。通过 CPT 遴选出"PD-1 抑制剂治疗晚期非小细胞肺癌"重点新兴前沿,对其进行深入解读分析。

5.2.2 重点新兴前沿——PD-1 抑制剂治疗晚期非小细胞肺癌

肺癌每年新发病例达 180 万人,位居全球癌症死因的前列。在新确诊的肺癌患者中,非小细胞肺癌(non-small cell lung cancer,NSCLC)占 80%～85%。手术、放化疗及靶向治疗在 NSCLC 中虽然取得了一定的效果,但晚期 NSCLC 患者的 5 年生存率仍然很低,仅不到 15%。近年来,免疫疗法成为肿瘤治疗领域的热点。其中,免疫检查点受体抑制剂因针对性强、不良反应少,也成为肺癌治疗的新宠。

表 5.6 临床医学领域的 21 个新兴前沿

序号	新兴前沿	核心论文/篇	被引频次	核心论文平均出版年
1	PD-1 抑制剂治疗晚期非小细胞肺癌	4	146	2015
2	院外心脏停搏治疗与结局	31	405	2014.9
3	儿童急性弛缓性脊髓炎与肠道病毒 D68 爆发相关	7	109	2014.9
4	无干扰素抗病毒疗法防治肝移植术后丙型肝炎复发	8	211	2014.8
5	区域淋巴照射治疗早期乳腺癌	4	132	2014.8
6	心房颤动抗凝治疗有效性	5	105	2014.8
7	长链非编码 RNA MALA T1 促进癌细胞增殖和转移机制	12	181	2014.7
8	绝经前乳腺癌患者辅助卵巢功能抑制	3	149	2014.7
9	端粒基因突变与肺疾病	7	133	2014.7
10	埃博拉病毒病的传播与控制	6	117	2014.7
11	口服抗凝药的消化道出血风险	5	250	2014.6
12	13 价肺炎球菌疫苗（PCV13）防治侵袭性肺炎链球菌病	8	231	2014.6
13	LCZ696 与依那普利对心衰患者影响比较	2	222	2014.5
14	白细胞介素 -5 受体单抗治疗嗜酸性哮喘	6	206	2014.5
15	乳腺癌遗传性突变	6	182	2014.5
16	2 型糖尿病降糖治疗心血管事件风险控制	6	154	2014.5
17	GBCA 增强造影术后颅内钆沉积	6	128	2014.5
18	Sorafenib 和 lenvatinib 治疗难治性甲状腺癌	2	123	2014.5
19	皮质激素辅助治疗社区获得性肺炎	6	117	2014.5
20	卡铂新辅助化疗治疗三阴性乳腺癌	2	110	2014.5
21	配对活检揭示非酒精性脂肪肝疾病进展	4	108	2014.5

程序性细胞死亡受体 1（PD-1）是一种免疫检查点，表达在 T 细胞表面，当 PD-1 与其配体 PD-L1 或 PD-L2 结合后，能抑制抗肿瘤免疫反应。近年来，研究发现 PD-1 抗体不仅对黑色素瘤和肾癌有效，在非小细胞肺癌中也有一定疗效。抗 PD-1 抗体的代表性药物有 Nivolumab 和 Pembrolizumab。2015 年 3 月和 10 月，FDA 分别批准 Nivolumab 用于铂类药物化疗后复发的鳞状 NSCLC、非鳞状 NSCLC 治疗。2015 年 10 月，FDA 还批准 Pembrolizumab 用于治疗 PD-L1 阳性晚期 NSCLC。这两种药物的临床试验结果在 2015 年予以发表，并作为 FDA 批准其上

市的临床证据，成为2016年较突出的新兴前沿。

Nivolumab是一种针对PD-1受体的全人源免疫球蛋白G4（IgG4）单克隆抗体，通过阻断PD1与其配体PD-L1和PD-L2结合，逆转肿瘤免疫微环境，恢复T细胞抗肿瘤活性，抑制肿瘤生长。耶鲁大学Scott N. Gettinger等开展了药物剂量递增Ⅰ期临床试验，评价Nivolumab的安全性和临床效果。结果显示，3 mg/kg剂量组客观缓解率最高，总生存期最长，因此，3 mg/kg的剂量也被选为后续临床试验的标准剂量。美国约翰·霍普金斯大学和福克斯蔡斯癌症中心分别开展了Ⅲ期临床随机对照试验，比较Nivolumab与多西他赛治疗既往接受过铂类药物化疗的晚期鳞状NSCLC患者和晚期非鳞状NSCLC患者的效果。两项研究的结果均显示，Nivolumab组的总生存期和客观缓解率均较多西他赛组有明显提高。关于无进展生存时间，约翰·霍普金斯大学的研究发现Nivolumab组多于多西他赛组，福克斯蔡斯癌症中心虽然发现Nivolumab组低于多西他赛组，但1年无进展生存率依然是Nivolumab组高于多西他赛组。关于PD-L1的表达与患者疗效是否相关，前一项研究未发现这一相关性，但后一项研究发现明显相关。上述两项研究的结果也分别作为FDA批准Nivolumab治疗鳞状NSCLC、非鳞状NSCLC的临床证据。

Pembrolizumab是另一种人源化IgG4-κ型单克隆抗体，高选择性阻断PD-1，作用机理类似Nivolumab。加利福尼亚大学洛杉矶分校的Edward B. Garon开展了临床Ⅰ期试验研究，评价Pembrolizumab治疗NSCLC的不良反应、安全性和疗效。结果显示，Pembrolizumab的不良反应可被接受，客观缓解率达19.4%，无进展生存时间和总生存时间平均为3.7个月、12.0个月，半数肿瘤细胞PD-L1表达与Pembrolizumab有效性提高存在相关性。该临床试验结果被作为FDA批准Pmbrolizumab治疗晚期NSCLC的临床证据。

第 6 章　生物科学

6.1 热点前沿及重点热点前沿解读

6.1.1 生物科学领域 Top 10 热点前沿发展态势

生物科学领域位居 Top 10 的研究前沿依然集中于医学与人类健康研究,包括病毒的传播、晶体结构测定、致病机理及免疫机制等方面。其中"中东呼吸综合征冠状病毒的分离、鉴定与传播"与"C9orf72 基因六核苷酸重复扩增引起的额颞叶痴呆症和肌萎缩侧索硬化症"已连续多年入选本领域的热点前沿(表 6.1 和图 6.1)。

表 6.1　生物科学领域 Top10 热点前沿

排名	热点前沿	核心论文/篇	被引频次	核心论文平均出版年
1	中东呼吸综合征冠状病毒的分离、鉴定与传播	47	3556	2013.6
2	褪黑素在植物和人类中的生物学功能	37	2417	2013.5
3	飞秒 X 射线激光在生物大分子的纳米晶体结构测定中的应用	23	2129	2013.5
4	巨噬细胞起源、发育分化的分子机制	21	3641	2012.9
5	阿尔茨海默病相关基因位点的关联分析	21	4815	2012.8
6	RNA 二级结构及腺嘌呤甲基化修饰	33	3683	2012.6
7	广谱中和抗体与艾滋病疫苗设计	32	6031	2012.5
8	PINK1/Parkin 介导的线粒体自噬分子机理研究	25	5749	2012.5
9	T 细胞的分化、功能与代谢	39	5391	2012.5
10	C9orf72 基因六核苷酸重复扩增引起的额颞叶痴呆症和肌萎缩侧索硬化症	34	5354	2012.5

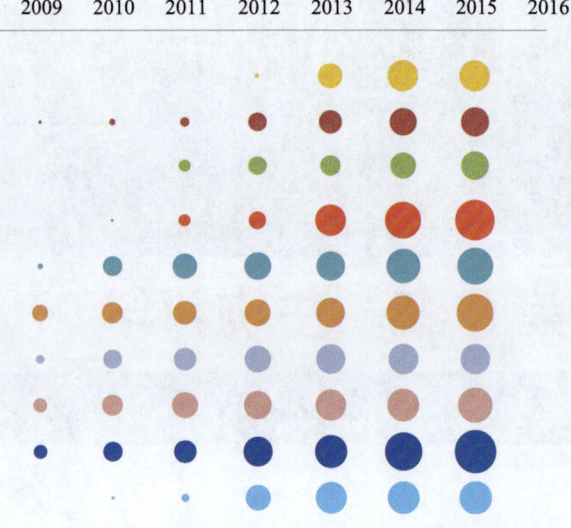

图 6.1　生物科学领域 Top10 热点前沿的施引论文

6.1.2　重点热点前沿——巨噬细胞起源、发育分化的分子机制

巨噬细胞（macrophages）是一种重要的非特异性免疫细胞，在人的机体发育和免疫力上扮演着重要角色。本前沿的相关文献主要集中在巨噬细胞的起源及发育分化调控等两方面的研究。

一直以来，传统观点认为巨噬细胞是由造血干细胞（HSC）发育分化而来。直至近年来，多项研究发现某些巨噬细胞是在 HSC 出现之前由胚胎发育而来，这种观点才被扭转。2010 年，美国西奈山伊坎医学院的研究人员利用一种"预测命运图谱"对祖细胞进行标记并且追踪其在成年各个阶段的行为，证明了位于小鼠大脑中的小神经胶质细胞实际上来自胚胎中的卵黄囊巨噬细胞。随后，英国伦敦大学国王学院和新加坡的研究人员也证实了卵黄囊衍生的巨噬细胞的存在。

巨噬细胞的分化发育调控机制也是研究人员近期关注的重点。研究表明，在身体的不同部位实际上存在着许多不同类型的巨噬细胞：一些是保护性细胞，可以帮助血管生长和组织再生；另一些是炎症细胞，可造成损伤。2012 年，来自美国西奈山伊坎医学院的研究人员通过解密树突细胞系的转录网络，鉴定了多种组织树突细胞（DC）亚群细胞之间的世系关系。同年，来自华盛顿大学医学院的研究人员证实 IL-34 特异性地引导骨髓细胞分化为皮肤表皮组织和中枢神经系统。

美国在该热点前沿的研究中占据重要地位（表 6.2），核心论文数量最多，有 18 篇，占该前沿核心论文总数的 85.7%；其次是英国和法国，均为 7 篇，各占 33.3%。从核心论文的机构分布看，美国西奈山伊坎医学院表现突出，以 7 篇核心论文位居首位；其次为华盛顿大学，有 6 篇核心论文。

表6.2 "巨噬细胞起源、发育分化的分子机制"研究前沿中核心论文的Top产出国家和机构

排名	国家	核心论文/篇	比例/%	排名	机构	国家	核心论文/篇	比例/%
1	美国	18	85.7	1	西奈山伊坎医学院	美国	7	33.3
2	英国	7	33.3	2	华盛顿大学	美国	6	28.6
2	法国	7	33.3	3	伦敦大学国王学院	英国	5	23.8
4	新加坡	6	28.6	3	艾尔伯特·爱因斯坦医学院	美国	5	23.8
5	瑞士	4	19.0	5	苏黎世大学	瑞士	4	19.0
5	德国	4	19.0	5	艾克斯-马赛大学	法国	4	19.0
5	比利时	4	19.0	5	新加坡科技研究局	新加坡	4	19.0
5	荷兰	4	19.0	8	加利福尼亚大学圣克鲁兹分校	美国	3	14.3
9	日本	3	14.3					
10	以色列	2	9.5					

从施引论文的国家分布看,美国也是数量最多的国家,德国、英国、法国紧随其后。中国在该前沿领域发展较快,以75篇施引论文数量排名第9。从机构来看,哈佛大学、华盛顿大学、法国国家健康与医学研究院、魏茨曼科学研究所、爱丁堡大学等纷纷介入该领域的研究,论文产出数量较多,发展迅速(表6.3)。

6.1.3 重点热点前沿——T细胞的分化、功能与代谢

T细胞是淋巴细胞的主要组分,是免疫系统启动特异性免疫应答以抵御外界病原体入侵的核心力量之一。根据不同的分类方法,T细胞可以分为不同亚群,如辅助性T细胞(Th细胞)、调节性T细胞

表6.3 "巨噬细胞起源、发育分化的分子机制"研究前沿中施引论文的Top10产出国家和机构

排名	国家	施引论文/篇	比例/%	排名	机构	国家	施引论文/篇	比例/%
1	美国	800	46.8	1	哈佛大学	美国	86	5.0
2	德国	265	15.5	2	华盛顿大学	美国	68	4.0
3	英国	238	13.9	3	法国国家健康与医学研究院	法国	66	3.9
4	法国	141	8.3	4	魏茨曼科学研究所	以色列	47	2.8
5	日本	111	6.5	5	爱丁堡大学	英国	45	2.6
6	加拿大	90	5.3	6	法国国家科学研究中心	法国	37	2.2
7	荷兰	90	5.3	7	波恩大学	德国	36	2.1
8	澳大利亚	89	5.2	7	弗赖堡大学	德国	36	2.1
9	中国	75	4.4	7	苏黎世大学	瑞士	36	2.1
10	瑞士	69	4.0	7	加利福尼亚大学旧金山分校	美国	36	2.1

（Tr 细胞）、细胞毒性 T 细胞（CTL）等。本前沿的核心论文主要涉及 T 细胞的分化及代谢调控机制等方面的内容。

研究人员目前非常关注 T 细胞免疫功能与分化及其调控机制的解析。2009 年，美国埃默里大学研究人员发现哺乳动物雷帕霉素靶蛋白（mTOR）在记忆性 T 细胞分化过程中发挥重要的调节作用。同年，约翰·霍普金斯大学的研究人员也证实了 mTOR 参与调控 Th1 细胞功能效应。2015 年，美国研究人员的一项研究也证实了 mTORC1 和 mTORC2 对于效应 T 细胞和记忆 T 细胞的产生具有不同作用。

同时，代谢重编程在 T 细胞命运决定方面的研究也是当前的研究热点，有关代谢的转录调控机制陆续被发现。宾夕法尼亚大学和约翰·霍普金斯大学的研究人员分别发现肿瘤坏死因子受体相关因子 6（TRAF6）和缺氧诱导因子 -1（HIF-1）等在 T 细胞的发育和分化受到代谢调控过程扮演着重要角色。2013 年，华盛顿大学的一项研究表明，有氧糖酵解对于 T 细胞效应功能的发挥是一条必需的代谢途径。2015 年，美国圣犹达儿童研究医院的研究人员阐明了调节性 T 细胞如何依靠代谢通路而非常规的免疫调节策略来控制免疫抑制分子产生的机制。

从核心论文的国家分布看，美国在该研究领域占据绝对优势地位（表 6.4）。在 39 篇核心论文中，美国有 38 篇，占比为 97.4%，排名第一；其次是加拿大和英国，分别为 5 篇和 3 篇。从研究机构看，美国华盛顿大学研究实力较强，以 9 篇核心论文位居首位；其次为约翰·霍普金斯大学，有 7 篇核心论文。

表 6.4 "T 细胞的分化、功能与代谢"研究前沿中核心论文的 Top 产出国家和机构

排名	国家	核心论文/篇	比例/%	排名	机构	国家	核心论文/篇	比例/%
1	美国	38	97.4	1	华盛顿大学	美国	9	23.1
2	加拿大	5	12.8	2	约翰·霍普金斯大学	美国	7	17.9
3	英国	3	7.7	3	哈佛大学	美国	6	15.4
4	爱尔兰	2	5.1	3	圣犹达儿童研究医院	美国	6	15.4
4	瑞士	2	5.1	5	麦吉尔大学	加拿大	5	12.8
6	台湾	1	2.6	6	杜克大学	美国	4	10.3
6	泰国	1	2.6	7	美国国立卫生研究院	美国	3	7.7
6	荷兰	1	2.6	7	杜鲁道研究所	美国	3	7.7
6	俄罗斯	1	2.6	7	宾夕法尼亚大学	美国	3	7.7
6	法国	1	2.6					
6	德国	1	2.6					
6	澳大利亚	1	2.6					

美国不仅是该研究前沿核心论文的主要产出国，同时也是施引论文数量最多的国家，以1411篇位列首位。中国在该前沿领域跟进速度较快，以250篇施引论文排名第2。从研究机构来看，哈佛大学后续跟进较快，相关施引论文数量较多，是该前沿领域重要的后起之秀（表6.5）。

表6.5 "T细胞的分化、功能与代谢"研究前沿中施引论文的Top10产出国家和机构

排名	国家	施引论文/篇	比例/%	排名	机构	国家	施引论文/篇	比例/%
1	美国	1411	57.4	1	哈佛大学	美国	149	6.1
2	中国	250	10.2	2	宾夕法尼亚大学	美国	75	3.1
3	英国	245	10.0	3	杜克大学	美国	68	2.8
4	德国	206	8.4	4	约翰·霍普金斯大学	美国	66	2.7
5	加拿大	128	5.2	5	美国国立卫生研究院	美国	58	2.4
6	法国	120	4.9	6	圣犹达儿童研究医院	美国	56	2.3
7	日本	110	4.5	7	耶鲁大学	美国	52	2.1
8	意大利	108	4.4	8	华盛顿大学	美国	51	2.1
9	荷兰	81	3.3	9	加利福尼亚大学旧金山分校	美国	49	2.0
10	澳大利亚	73	3.0	10	法国国家健康与医学研究院	法国	46	1.9

6.2 新兴前沿及重点新兴前沿解读

6.2.1 新兴前沿概述

生物科学领域有18项研究入选新兴前沿，涉及的研究主题丰富，包括重要疾病遗传机理及诊断、纳米在生物医药中的应用、基因组检测和测序等。其中，CRISPR/Cas基因组编辑技术研究热潮依然持续和分化，在继成为2014年、2015年生物科学领域的重要新兴前沿和重要热点前沿后，2016年仍有"CRISPR RNA引导性核酸酶脱靶效应的全基因组检测"和"CRISPR-Cas9调控的基因组规模转录激活"入选新兴前沿（表6.6）。

6.2.2 重点新兴前沿——染色质环接原理及染色体域结构进化

人类机体中每个细胞的基因组都是一样的，但细胞需要执行不同的功能，如免疫细胞负责抵御感染、视锥细胞感知光线、心肌细胞不停地搏动。一百多年来，基因组成环曾一度是现代生物学的一大盲点，科学家知道DNA在细胞中形成环，也知道成环的位置非常重要，但列出所有这些成环位置，一直被认为是一项无法完成的任务。

2009年，Job Dekker研究团队利用Hi-C技术分析人类正常淋巴母细胞

表6.6 生物科学领域的18个新兴前沿

序号	新兴前沿	核心论文/篇	被引频次	核心论文平均出版年
1	CRISPR RNA引导性核酸酶脱靶效应的全基因组检测	4	152	2015
2	植物提取物和纳米粒子控制蚊虫害	12	132	2015
3	肥胖的全基因组关联研究	3	119	2015
4	雷帕霉素靶蛋白复合体1（mTORC1）的激活	3	106	2015
5	纳米孔测序	9	155	2014.8
6	树枝状大分子纳米载体用于肿瘤靶向给药和基因转移	4	112	2014.8
7	使用伪氨基酸组分算法预测蛋白质的结构和功能	9	236	2014.7
8	利用人类表型本体数据进行遗传疾病诊断	6	152	2014.7
9	2型先天淋巴样细胞调节米色脂肪的生物合成	5	197	2014.6
10	癌症化疗中纳米载体的应用	5	109	2014.6
11	CRISPR-Cas9调控的基因组规模转录激活	2	168	2014.5
12	自噬与凋亡的互作	2	154	2014.5
13	染色质环接原理及染色体域结构进化	2	142	2014.5
14	肌动蛋白的组装及其网络平衡	4	129	2014.5
15	荧光探针在细胞骨架活细胞成像中的应用	4	126	2014.5
16	新型重组禽流感病毒（H5N8和H5N6）的鉴定及其特征	6	108	2014.5
17	遗传结构和饮食对肠道菌群组成的影响	2	103	2014.5
18	耳蜗毛细胞的再生及其基因表达	4	102	2014.5

染色体中基因座空间交互信息，首次提出Hi-C技术的概念。Hi-C技术是染色体构象捕获（chromosome conformation capture，简称3C）的一种衍生技术，是指基于高通量进行染色体构象的捕获，它能够在全基因组范围内捕捉不同基因座位之间的空间交互，研究三维空间中调控基因的DNA元件。

为了理解基因调控，几十年来人们一直在研究基因附近的区域。然而，基因组折叠之后离基因很远的序列也能与之发生接触。2014年12月，贝勒医学院、莱斯大学、博德研究所和哈佛大学的科学家利用Hi-C技术空前详细地绘制了人基因组图谱，展示了2米长的人类基因组在细胞核内的全部折叠方式。研究显示，细胞可以将基因组折叠成各种不同的形态，进而调节自身的功能。这项研究的主要成果是首次列出了整个人类基因组上形成的环（loop），阐明了与成环位置和成环机制有关的一系列规则。

2015年3月，伦敦大学的Hadjur团队报道了利用Hi-C技术研究揭示转录因子CTCF具有促进基因组结构变化的重要作用。这项研究比较了四种哺乳动物的转录因子CTCF作用位点，呈现了绝缘子位点分化与染色质结构域的进化存在直接联系，为转录因子的研究提供了新的思路与方法。

第 7 章 化学与材料科学

7.1 热点前沿及重点热点前沿解读

7.1.1 化学与材料科学领域 Top 10 热点前沿发展态势

在化学与材料科学领域中，位居 Top 10 的热点前沿主要分布在纳米材料、电池研究、有机化学、发光材料等方面。其中，发光材料研究"白光 LED 用荧光粉"是唯一连续两年进入 Top 10 热点前沿的研究方向。纳米材料方面有石墨烯、纳米催化剂和摩擦纳米发电机三个方向的研究入选。

石墨烯研究的热点是其在光催化和过滤膜方面的应用。纳米催化剂因其尺寸效应而具有卓越的性能，在 Top 10 中电催化剂和光催化剂各有一种。摩擦纳米发电机是新进前沿。在电池研究方面，有机太阳能电池强调非富勒烯受体的研究，钠离子电池取代 2015 年的锂离子电池，2015 年的新兴前沿"高效钙钛矿型太阳能电池"，2016 年成为热点前沿。贵金属催化的有机合成一直是有机化学热点，2015 年是铜催化，2016 年是金催化。有机化学另一个热点是"三氟甲硫基化反应"，与 2015 年热点"烯烃三氟甲基化反应"一脉相承（表 7.1 和图 7.1）。

表 7.1 化学与材料科学领域 Top10 热点前沿

排名	热点前沿	核心论文/篇	被引频次	核心论文平均出版年
1	基于非富勒烯受体的有机太阳能电池	41	2249	2014.2
2	三氟甲硫基化反应	47	3158	2013.8
3	摩擦纳米发电机	43	2846	2013.7
4	非贵金属电解水纳米催化剂	26	2427	2013.7
5	金催化的有机合成	23	2062	2013.2
6	高效钙钛矿型太阳能电池*	30	16471	2013.1
7	半导体/石墨烯纳米复合物光催化剂	21	3176	2012.6
8	白光 LED 用荧光粉	44	4690	2012.5
9	石墨烯过滤膜	22	3125	2012.5
10	钠离子电池	4	1998	2012.5

*此前沿在新兴前沿部分进行深入解读。

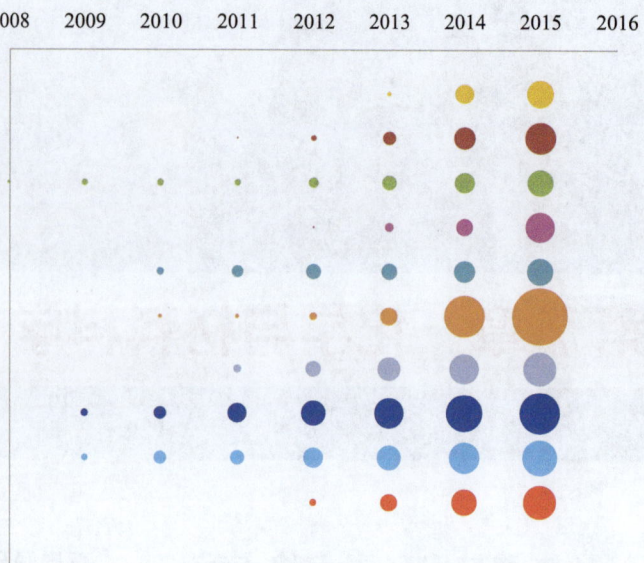

图 7.1 化学与材料科学领域 Top10 热点前沿的施引论文

7.1.2 重点热点前沿——白光 LED 用荧光粉

白光发光二极管（白光 LED）作为一种新型的固态照明器件，因其节能、环保、体积小、寿命长、响应快和可平面封装等优点而成为 21 世纪最有前景的新光源，被誉为继白炽灯、荧光灯之后人类照明史上又一次革命。荧光粉光转换法，即在 LED 芯片上涂敷荧光粉，是实现白光 LED 的主流，具体又有两种类型：一种是蓝光 LED 芯片＋黄色荧光粉，日本日亚化学工业株式会社的中村修二采用此方法在 1996 年制得白光 LED，之后荣获 2014 年度诺贝尔物理学奖。另一种是紫外 LED 芯片＋红绿蓝三基色荧光粉和紫外 LED 芯片＋单一基质白光荧光粉。目前，基于蓝光 LED 芯片的白光 LED 已经实现商业化，但存在显色指数不高、发光效率低等缺点。使用紫外 LED 芯片激发三基色荧光粉的方案，克服了上述缺点，是当前行业发展的重点。但几种荧光粉混合涂覆工艺会增加制作工艺的难度，不利于降低生产成本。因此，高效的单一基质白光荧光粉近年来受到研究者的关注，成为研究热点。

该热点前沿的 44 篇核心论文无论从研究内容还是从数量分布都体现了上述行业发展趋势。该热点前沿 12 个国家（地区）参与了核心论文的产出。中国大陆以 59.1% 的比例居第 1 名，是第 2 名中国台湾的 2.4 倍（表 7.2）。德国和美国分别位列第 3 位和第 4 位。核心论文机构列表中，中国科学院遥遥领先，其次是台湾大学和中国地质大学。

施引论文方面，中国大陆贡献了 1641 篇施引论文，以 61.8% 的比例位于施引论文的第 1 梯队。韩国以 339 篇施引论文位居第 2 位（表 7.3）。美国、日本、印度、中国台湾和德国贡献的施引论文介于 128～172 篇，属于第 3 梯队。Top 10 施引论文机构中，中国大陆和中国台湾的 9 家机构入选，Top 10 的另外一家机构是韩国的釜庆国立大学。其中中国大陆的 8 家机构，中国科学院贡献了 366 篇施引论文，位列 Top 10 机构的榜首。

中国于 2011 年发布《国家"十二五"科学和技术发展规划》，提出重点发展白光 LED 制备等自主关键技术。中国的核心论文和施引论文基本都发表在"十二五"时期，不仅在数量上领先，中国学者的研究质量也很高。中国科学院

表 7.2 "白光 LED 用荧光粉"研究前沿中核心论文的 Top 产出国家（地区）和机构

排名	国家（地区）	核心论文/篇	比例/%	排名	机构	国家（地区）	核心论文/篇	比例/%
1	中国大陆	26	59.1	1	中国科学院	中国大陆	12	27.3
2	中国台湾	11	25.0	2	台湾大学	中国台湾	8	18.2
3	德国	6	13.6	3	中国地质大学	中国	6	13.6
4	美国	5	11.4	4	台湾交通大学	中国台湾	3	6.8
5	日本	3	6.8	4	亚琛飞利浦研究实验室	德国	3	6.8
5	荷兰	3	6.8	4	俄罗斯科学院	俄罗斯	3	6.8
5	俄罗斯	3	6.8	4	慕尼黑大学	德国	3	6.8
8	韩国	2	4.5					
9	印度	1	2.3					
9	意大利	1	2.3					
9	爱沙尼亚	1	2.3					
9	比利时	1	2.3					

表 7.3 "白光 LED 用荧光粉"研究前沿中施引论文的 Top10 产出国家（地区）和机构

排名	国家（地区）	施引论文/篇	比例/%	排名	机构	国家（地区）	施引论文/篇	比例/%
1	中国大陆	1641	61.8	1	中国科学院	中国大陆	366	13.8
2	韩国	339	12.8	2	釜庆国立大学	韩国	134	5.0
3	美国	172	6.5	3	中国地质大学	中国大陆	115	4.3
4	日本	158	5.9	4	中山大学	中国大陆	100	3.8
5	印度	148	5.6	5	兰州大学	中国大陆	88	3.3
6	中国台湾	144	5.4	6	吉林大学	中国大陆	56	2.1
7	德国	128	4.8	7	华南理工大学	中国大陆	55	2.1
8	荷兰	73	2.7	8	苏州大学	中国大陆	55	2.1
9	俄罗斯	55	2.1	9	台湾大学	中国台湾	54	2.0
10	法国	52	2.0	10	北京科技大学	中国大陆	52	2.0

长春应用化学研究所在化学领域顶级刊物 Chemical Society Reviews 上发表综述文章。华南理工大学的综述文章被引超过500次，在核心论文中被引频次最高。

7.1.3 重点热点前沿——钠离子电池

钠离子电池并非是一种新型的化学电源体系。20世纪七八十年代，钠离子电池和锂离子电池同时得到研究。由于日本索尼公司在90年代初实现锂离子电池的商业化，关于钠离子电池的研究一度放缓。随着电动汽车、智能电网时代的到来，锂离子电池发展受到锂资源短缺的瓶颈制约。与锂相比，钠储量十分丰富，且分布广泛、提取容易。钠和锂的理化性质近似，电池充放电原理也类似，因而钠离子电池的研究被重新提上日程。从2010年起，关于钠离子电池的论文数量快速增加。美国和日本均设立专项支持钠离子电池技术的前期探索性研究。与锂离子相比，钠离子质量相对较大且半径较大，这会限制其在电极材料中的可逆脱嵌过程，进而影响电池的电化学性能。因此，研发先进的电极材料成为钠离子电池实现实际应用的关键之一，也是4篇核心论文的研究重点。在实际应用方面，钠离子电池的能量密度通常低于锂离子电池，因此两者适合不同的领域。锂离子电池适用于能量密度有较高需求的便携式电源设备和电动汽车领域。而钠离子电池适用于能量密度和体积要求不高的大规模储能领域。

统计结果显示（含新兴前沿中的"钠离子电池"），无论是施引论文还是核心论文，该领域的研究主要出自中国、美国、韩国和日本等国家（表7.4）。排名前列的机构包括中国科学院、日本的京都大学、中国的中南大学和韩国科学技术院。中国在该领域的主要研究机构有中国科学院、中南大学、南开大学等。中国科学院物理研究所胡勇胜教授的研究成果是核心论文之一。

表7.4 "钠离子电池"研究前沿中施引论文的Top10产出国家和机构

排名	国家	施引论文/篇	比例/%	排名	机构	国家	施引论文/篇	比例/%
1	中国	455	41.7	1	中国科学院	中国	92	8.4
2	美国	249	22.8	2	京都大学	日本	46	4.2
3	韩国	121	11.1	3	中南大学	中国	40	3.7
4	日本	96	8.8	4	韩国科学技术院	韩国	39	3.6
5	澳大利亚	75	6.9	5	伍伦贡大学	澳大利亚	33	3.0
6	德国	66	6.0	5	武汉大学	中国	33	3.0
7	西班牙	57	5.2	5	得克萨斯大学奥斯汀分校	美国	33	3.0
8	新加坡	45	4.1	8	中国科学技术大学	中国	30	2.7
9	法国	32	2.9	9	马里兰大学帕克分校	美国	27	2.5
10	印度	28	2.6	10	南开大学	中国	26	2.4

7.2 新兴前沿及重点新兴前沿解读

7.2.1 新兴前沿概述

化学与材料科学领域有22项研究入选新兴前沿,主要分布在钙钛矿型材料、电池研究、有机化学、纳米材料等方面(表7.5)。在钙钛矿型材料方面,有5项研究入选,除了用于太阳能电池外,该材料还被发现在发光材料和光电探测器方面具有应用潜力。在电池研究方面,除了钙钛矿型太阳能电池外,锂氧电池、锂硫电池、钠离子电池、聚合物太阳能电池和染料敏化太阳能电池也是重要研究方向。在有机化学方面,不对称催化和过渡金属催化一直是前沿的研究方向,金属有机框架化合物和柱芳烃的研究也有入选。在纳米材料方面,无论是零维的碳量子点、二维的二氧化锰、过渡金属硫族化合物,还是三维的核壳结构,入选研究均侧重于纳米材料在光、电方面的性能和应用研究。"纳米颗粒的细胞生物学效应"进入前沿,反映了随着纳米材料的迅速发展,其安全性越发引起关注。

表7.5 化学与材料科学领域的22个新兴前沿

序号	新兴前沿	核心论文/篇	被引频次	核心论文平均出版年
1	具有大载流子扩散长度的有机铅卤化物钙钛矿单晶	2	225	2015
2	有机铅卤化物钙钛矿材料在潮湿环境下的分解	7	160	2015
3	钙钛矿型发光二极管	7	121	2015
4	碳量子点荧光材料	3	101	2015
5	具有电磁波吸收性能的核壳结构材料	12	200	2014.8
6	邻亚甲基苯醌的不对称有机催化反应	8	165	2014.8
7	钙钛矿型有机铅卤化物光电探测器	6	123	2014.8
8	镍催化芳基醚碳氧键活化反应	6	112	2014.8
9	光活化的不对称催化反应	5	111	2014.8
10	镧系金属有机框架化合物用于荧光温度传感	6	160	2014.7
11	非水体系锂氧电池中过氧化锂的生成机理	3	117	2014.7
12	高效单结聚合物太阳能电池	5	662	2014.6
13	钙钛矿型太阳能电池光电转换机理研究	12	641	2014.6
14	二维过渡金属硫族化合物纳米材料	5	286	2014.6
15	纳米二氧化锰超级电容器电极材料	9	131	2014.6
16	钠离子电池	2	198	2014.5
17	基于柱芳烃的超分子聚合物	4	135	2014.5
18	过渡金属催化的杂芳烃交叉偶联反应	2	122	2014.5
19	用于染料敏化太阳能电池的新型卟啉染料	2	112	2014.5
20	纳米颗粒的细胞生物学效应	4	106	2014.5
21	三价铑催化的芳烃碳氢键活化反应	4	106	2014.5
22	高性能锂硫电池	4	102	2014.5

7.2.2 重点新兴前沿——钙钛矿相关 6 个研究前沿综合分析

钙钛矿型材料相关 6 个研究前沿包括 1 个热点前沿和 5 个新兴前沿。

钙钛矿型太阳能电池是第三代太阳能电池中最热门的研究方向，短短几年时间就超过了非晶硅、染料敏化、有机太阳能电池等新一代薄膜电池历经十多年研究的成果，被 Science 杂志评为 2013 年度十大科学突破之一。钙钛矿型太阳能电池的核心是具有钙钛矿 ABX_3 晶型的有机金属卤化物吸光材料，其中 A 为甲氨基（CH_3NH-），B 为金属铅原子，X 为氯、溴、碘等卤素原子，最常见的是碘化铅甲胺（$CH_3NH_3PbI_3$）。2009 年，日本桐荫横滨大学 Tsutomu Miyasaka 课题组率先以钙钛矿型材料作吸光层，在染料敏化太阳能电池基础上制造出钙钛矿型太阳能电池，但光电转换效率仅为 3.8%。2011 年，韩国成均馆大学 Nam-Gyu Park 课题组将效率提高到 6.5%。2012 年，牛津大学 Snaith 课题组提出了"介孔超结构太阳能电池"的概念，光电转换效率首次突破 10%。2013 年，瑞士洛桑联邦理工学院 Michael Grätzel 课题组将效率提高到 15%。2014 年年底，韩国化学技术研究所 Sang II Seok 课题组的转换效率已提高至 20.1%。2015 年，中国、日本、瑞士合作制得大面积（工作面积超过 $1cm^2$）钙钛矿型太阳能电池，使其首次可以与其他类型太阳能电池在同一标准下比较性能，15% 的能量转化效率得到国际权威机构认证。2016 年，瑞士洛桑联邦理工学院 Michael Grätzel 教授课题组进一步将认证效率提高至 19.6%。这一连串令人眼花缭乱的光电转换效率竞相反映了瑞士、英国和韩国目前在该领域研究领先的局面，这与核心论文的统计结果是一致的。中国在该领域奋起直追，在核心论文方面争得了一席之地，在施引论文数量上大幅领先，并已经形成了中国科学院、华中科技大学等优秀研发基地。

虽然钙钛矿型太阳能电池发展迅速，但它还存在很大的研究空间。在工作机制方面，彻底弄清钙钛矿型太阳能电池的光电转换机理对于指导下一步的研发至关重要。在材料制备方面，具有大载流子扩散长度的钙钛矿型材料可以降低电荷复合率，产生较高的光电转换效率，因而是未来的发展方向。在稳定性方面，为尽早实现商业化，需要考虑实际自然环境对钙钛矿型太阳能电池的影响。除了上述新兴前沿列出的方向外，还存在其他一些重要的研究方向，如不含铅的新型钙钛矿型材料、价格低廉的传输层材料等。

钙钛矿型材料优异的光电性质，使其不仅在太阳能电池领域大放异彩，还被用于其他许多领域。除了新兴前沿所示的发光二极管和光电探测器外，还有燃料电池、激光器和存储器等。

从统计数据来看，在 5 个新兴前沿中，中国整体呈现后发追赶态势。在核心论文方面，在"钙钛矿型发光二极管"前沿有 1 篇（通讯作者），在"钙钛矿型太阳能电池光电转换机理研究"前沿有 2 篇（1 篇是通讯作者），在其他 3 个新兴前沿中，中国没有核心论文入选。在施引论文方面，中国全部仅次于美国，处于每个前沿的第二位。

第 8 章　物理学

8.1 热点前沿及重点热点前沿解读

8.1.1 物理学领域 Top 10 热点前沿发展态势

物理学领域位居 Top 10 的热点前沿主要集中于高能物理、凝聚态物理、理论物理和光学（表 8.1 和图 8.1）。在高能物理方面，中微子振荡和引力波探测依然是 2016 年的热点前沿，暗物质间接探测也备受关注。在凝聚态物理方面，聚焦关联量子现象的研究，包括二维黑磷材料、外尔半金属和钇钡铜氧化物超导体。理论物理方面，自驱动粒子和非线性有质量引力依然是 2016 年的热点前沿，标准模型的研究也持续受到关注。在光学方面，超表面成为热点。

表 8.1　物理学领域 Top10 热点前沿

排名	热点前沿	核心论文/篇	被引频次	核心论文平均出版年
1	暗物质间接探测之银河系中心伽马射线超出研究	49	2111	2014.2
2	单层/多层黑磷的特性及其应用	25	3270	2014
3	外尔半金属的特性研究和实验实现	43	3604	2013.7
4	钇钡铜氧化物超导体的赝能隙态研究	34	2406	2013.5
5	双星系统的动力学演化和引力波探测	26	2798	2013.2
6	基于希格斯耦合的标准模型研究	36	2386	2013.1
7	自驱动粒子的集群运动研究	33	2786	2012.9
8	非线性有质量引力	30	3437	2012.7
9	超表面（metasurfaces）特性研究及超表面器件设计	22	3152	2012.6
10	基于混合角 θ13 最新结果的中微子振荡研究	18	4682	2012.3

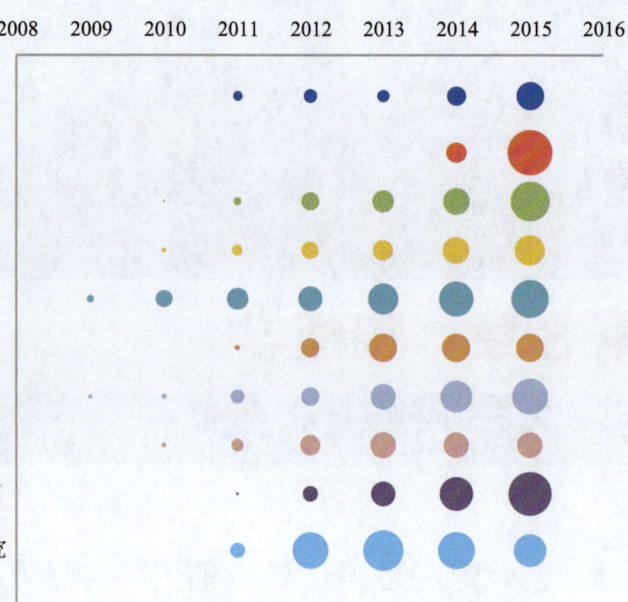

图 8.1　物理学领域 Top10 热点前沿的施引论文

8.1.2　重点热点前沿——暗物质间接探测之银河系中心伽马射线超出研究

暗物质被认为是 21 世纪物理学研究最重要的问题之一。尽管天文观测已证实了暗物质的存在，但暗物质粒子的性质仍然不为人们所了解。目前，暗物质的实验探测是物理学的研究热点。暗物质的探测方法有三种：直接探测，间接探测，以及通过加速器创造出暗物质粒子。其中，间接探测主要是探测暗物质自湮灭或衰变的产物，如伽马射线、中微子、正电子、反质子等。银河系中心被认为是暗物质最亮的源，是暗物质间接探测最有前景的目标之一。近几年，对费米伽马射线太空望远镜得到的数据的研究发现，银河系中心在千秒差距范围内有伽马射线超出，目前很有吸引力的一种解释是这一现象可能来自暗物质粒子湮灭。

在这个热点前沿中，美国表现最活跃，是核心论文的主要产出国家（表8.2）。49 篇核心论文中，美国参与的有 33 篇，占核心论文总量的 67.3%，远远超过其他国家。法国、荷兰、印度和中国等也有不错的表现。核心论文产出最多的机构是费米国家加速器实验室和芝加哥大学，产出机构中来自美国的有 5 所，荷兰、中国、英国、意大利各有 1 所。49 篇核心论文的通讯作者中，有 25 位来自美国，其后是印度，有 4 位，中国和荷兰各有 3 位。

分析热点前沿施引论文的国家和机构（表 8.3），可以发现，美国也是最活跃的国家，参与的施引论文有 230 篇，占施引论文总量的 54.5%。其后是德国，参与了 64 篇施引论文，占施引论文总量的

15.2%；法国、中国和意大利紧随其后。施引论文总量排名 Top 10 的机构中，费米国家加速器实验室和芝加哥大学的施引论文最多，分别为 67 篇和 57 篇，占施引论文总量的 15.9% 和 13.5%，随后是意大利国家核物理研究所、加利福尼亚大学圣克鲁兹分校和中国科学院。

表 8.2 "暗物质间接探测之银河系中心伽马射线超出研究"研究前沿中核心论文的 Top 产出国家和机构

排名	国家	核心论文/篇	比例/%	排名	机构	国家	核心论文/篇	比例/%
1	美国	33	67.3	1	费米国家加速器实验室	美国	14	28.6
2	法国	5	10.2	2	芝加哥大学	美国	11	22.4
2	荷兰	5	10.2	3	阿姆斯特丹大学	荷兰	5	10.2
4	印度	4	8.2	3	加利福尼亚大学欧文分校	美国	5	10.2
4	中国	4	8.2	5	斯坦福直线加速器中心	美国	4	8.2
6	澳大利亚	3	6.1	5	加利福尼亚大学圣克鲁兹分校	美国	4	8.2
6	意大利	3	6.1	7	中国科学院	中国	3	6.1
6	英国	3	6.1	7	达勒姆大学	英国	3	6.1
9	瑞士	2	4.1	7	意大利国家核物理研究所	意大利	3	6.1
9	新西兰	2	4.1					
9	加拿大	2	4.1					
9	德国	2	4.1					

表 8.3 "暗物质间接探测之银河系中心伽马射线超出研究"研究前沿中施引论文的 Top 产出国家和机构

排名	国家	施引论文/篇	比例/%	排名	机构	国家	施引论文/篇	比例/%
1	美国	230	54.5	1	费米国家加速器实验室	美国	67	15.9
2	德国	64	15.2	2	芝加哥大学	美国	57	13.5
3	法国	51	12.1	3	意大利国家核物理研究所	意大利	38	9.0
4	中国	50	11.8	4	加利福尼亚大学圣克鲁兹分校	美国	37	8.8
5	意大利	48	11.4	5	中国科学院	中国	35	8.3
6	英国	39	9.2	6	马普学会	德国	25	5.9
7	西班牙	31	7.3	7	阿姆斯特丹大学	荷兰	22	5.2
8	加拿大	28	6.6	7	加利福尼亚大学欧文分校	美国	22	5.2
9	日本	27	6.4	9	达勒姆大学	英国	19	4.5
10	荷兰	24	5.7	9	斯坦福大学	美国	19	4.5
10	瑞士	24	5.7					

8.1.3 重点热点前沿——单层/多层黑磷的特性及其应用

近年来,类石墨烯二维材料,如二硫化钼等过渡金属硫化物、硅烯等,由于其独特的微观结构和物理特性,成为了研究的热点。然而,目前研究的大部分二维材料都存在一定的缺点。2014年,中国科学技术大学的陈仙辉团队和复旦大学的张远波团队等制备出基于二维黑磷单晶的场效应晶体管。两周后,美国普渡大学的 Peide Ye 团队也制备出二维黑磷场效应晶体管。二维黑磷材料兼具石墨烯和过渡金属硫化物的优点,其出现引起了全世界的广泛关注,成为继石墨烯和过渡金属硫化物后又一个未来纳米电子应用的候选者。黑磷的特性研究是《2015研究前沿》的新兴前沿之一,2016年,"单层/多层黑磷的特性及其应用"进一步成为热点前沿。

在25篇核心论文中,被引频次最高的是上述中国团队的论文,为466次。其后是同期美国团队的论文,被引频次为406次。这两篇核心论文的被引频次远高于其他核心论文。从国家来看(表8.4),美国是该前沿最活跃的国家,参与的核心论文有17篇,占核心论文总量的68.0%,紧随其后的是中国和荷兰。

分析施引论文的国家和机构(表8.5),可以发现,中国是最活跃的国家,参与的施引论文有283篇,占施引论文总量的43.6%。其后是美国,参与的施引论文有238篇,占施引论文总量的36.7%。随后是新加坡,参与了78篇施引论文,占施引论文总量的12.0%。施引论文总量排名前10的机构均来自这3个国家,其中,中国科学院的施引论文最多,为64篇,占施引论文总量的9.9%。其后是新加坡国立大学、中国科学技术大学和新加坡南洋理工大学。

表8.4 "单层/多层黑磷的特性及其应用"研究前沿中核心论文的 Top 产出国家和机构

排名	国家	核心论文/篇	比例/%	排名	机构	国家	核心论文/篇	比例/%
1	美国	17	68.0	1	代尔夫特工业大学	荷兰	3	12.0
2	中国	6	24.0	1	密歇根州立大学	美国	3	12.0
3	荷兰	4	16.0	1	华盛顿大学	美国	3	12.0
4	新加坡	2	8.0	4	亚利桑那州立大学	美国	2	8.0
5	西班牙	1	4.0	4	波士顿大学	美国	2	8.0
5	英国	1	4.0	4	IBM 公司	美国	2	8.0
5	巴西	1	4.0	4	新加坡国立大学	新加坡	2	8.0
				4	普渡大学	美国	2	8.0
				4	内布拉斯加大学林肯分校	美国	2	8.0
				4	中国科学技术大学	中国	2	8.0
				4	西安电子科技大学	中国	2	8.0

表 8.5 "单层／多层黑磷的特性及其应用"研究前沿中施引论文的 Top 产出国家和机构

排名	国家	施引论文/篇	比例/%	排名	机构	国家	施引论文/篇	比例/%
1	中国	283	43.6	1	中国科学院	中国	64	9.9
2	美国	238	36.7	2	新加坡国立大学	新加坡	43	6.6
3	新加坡	78	12.0	3	中国科学技术大学	中国	23	3.5
4	韩国	44	6.8	4	南洋理工大学	新加坡	22	3.4
5	日本	33	5.1	5	北京大学	中国	20	3.1
6	德国	27	4.2	6	南京大学	中国	19	2.9
7	英国	25	3.9	7	新加坡科技研究局	新加坡	19	2.9
8	荷兰	19	2.9	8	麻省理工学院	美国	18	2.8
9	澳大利亚	16	2.5	9	波士顿大学	美国	17	2.6
10	西班牙	15	2.3	10	莱斯大学	美国	14	2.2

8.2 新兴前沿及重点新兴前沿解读

8.2.1 新兴前沿概述

物理学领域有 10 项研究入选新兴前沿,主要集中于高能物理、凝聚态物理和理论物理(表 8.6)。高能物理方面包括高级激光干涉引力波天文台和宇宙暴胀模型的相关研究,凝聚态物理方面关注的是过渡金属硫化物、硒化铁超导体和分数陈绝缘体的特性研究,理论物理方面包括引力理论、周期驱动量子体系、超弦理论等研究。

表 8.6 物理学领域的 10 个新兴前沿

序号	新兴前沿	核心论文/篇	被引频次	核心论文平均出版年
1	高级激光干涉引力波天文台及其相关工具和模拟方法	4	129	2015
2	挠率牛顿-嘉当几何	10	132	2014.9
3	周期驱动量子体系的特性研究	7	120	2014.9
4	二硫化钼和二硒化钨的谷电子学研究	5	363	2014.6
5	AdS(5)xS(5)超弦的可积性研究	10	210	2014.6
6	基于 2013 年普朗克卫星数据的宇宙暴胀模型研究	8	178	2014.6
7	硒化铁超导体的向列性研究	8	171	2014.6
8	新软引力子定理研究	14	297	2014.5
9	分数陈绝缘体的实验实现	2	202	2014.5
10	自旋轨道耦合超冷原子体系	2	119	2014.5

8.2.2 重点新兴前沿——分数陈绝缘体的实验实现

从20世纪80年代被发现到获诺贝尔物理学奖,直到现在,分数量子霍尔效应都是凝聚态物理的前沿研究领域之一。分数量子霍尔效应的实现需要非常强的磁场和极低温,这限制了它的应用。近年来,理论研究发现,在无外加磁场的条件下,可以在拓扑平带中实现分数量子霍尔效应。这种无外加磁场时出现的分数量子霍尔效应,被称为分数量子反常霍尔效应,能实现这种现象的体系被称为分数陈绝缘体。分数陈绝缘体有可能在未来的拓扑量子计算中得到应用。

最近,不少研究工作聚焦于分数陈绝缘体的实验实现。瑞士苏黎世联邦理工学院的 Tilman Esslinger 团队在周期性调制的二维蜂窝光晶格中应用超冷原子实验实现了霍尔丹模型,德国慕尼黑大学的 Immanuel Bloch 团队等在二维光学超晶格中应用超冷原子实验实现了霍夫施塔特模型,这两项工作都有助于分数陈绝缘体的实验实现,引起了广泛的关注。

第 9 章 天文学与天体物理

9.1 热点前沿及重点热点前沿解读

9.1.1 天文学与天体物理领域 Top 10 热点前沿发展态势

天文学与天体物理领域位居前 10 位的热点前沿主要集中于宇宙起源和演化、系外行星和太阳物理学等研究主题上（表 9.1 和图 9.1）。宇宙起源和演化是当代天文学与天体物理领域的核心科学问题，有 7 项热点前沿聚焦于此，研究对象和主题涉及星系的结构、形成和演化，宇宙微波背景辐射，重子声学振荡，超新星暗物质粒子的物理性质，高红移值星系，致密天体周围的强场物理规律等。2 项热点前沿与系外行星搜索及研究相关，这也是天文学与天体物理领域当前备受关注的研究主题。此外，还有 1 项热点前沿聚焦于太阳活动的来源研究。天文学与天体物理领域的热点前沿仍体现出与空间任务

表 9.1 天文学与天体物理领域 Top10 热点前沿

排名	热点前沿	核心论文/篇	被引频次	核心论文平均出版年
1	基于"普朗克"（Planck）卫星等对宇宙微波背景辐射的探测	42	4532	2013.1
2	暗物质和星系形成及演化研究	35	3993	2012.7
3	基于"开普勒空间望远镜"（Kepler）开展系外行星搜寻及性质研究	24	4244	2012.1
4	利用"哈勃空间望远镜"（HST）研究高红移值星系的性质	26	3390	2012
5	系外行星的形成、演化和直接成像研究	17	2839	2011.6
6	基于太阳观测卫星数据（Solar-B、SDO、IRIS、STEREO 等）对太阳大气和磁场的研究	24	4612	2011.3
7	超新星及其对应前身星性质研究	28	2663	2011.2
8	中子星和核物质对称能研究	25	4235	2011.1
9	基于"郭守敬望远镜"（LAMOST）、"日内瓦 - 哥本哈根巡天"（GCS）、"斯隆数字巡天"（SDSS）等观测对星系结构、成分和演化的研究	18	2939	2011
10	基于"斯隆数字巡天"（SDSS）等多项巡天项目的重子声学振荡相关研究	7	3126	2010.7

图9.1　天文学与天体物理领域Top10热点前沿的施引论文

平台高度相关的特点。

2016年的热点前沿与2015年相比新增加了2个，分别是排名第1的"基于'普朗克'（Planck）卫星等对宇宙微波背景辐射的探测"和排名第8的"中子星和核物质对称能研究"。此外，在2014年年底被 Science 杂志评选为年度10大科学突破之首的"罗塞塔"（Rosetta）探测彗星67P/丘留莫夫-格拉西缅科当之无愧地成为2016年的新兴前沿。

9.1.2 重点热点前沿——基于"普朗克"（Planck）卫星等对宇宙微波背景辐射的探测

宇宙微波背景辐射（CMB）自1965年被发现后，相关的观测研究已产生许多重大成果：1978年的诺贝尔物理奖被授予发现 CMB 的两名天文学家；1989年发射的"宇宙背景探测者"（COBE）卫星首次证明 CMB 的特征与温度约为 2.73 K 的黑体辐射相同，COBE 的两位首席科学家因此获得2006年诺贝尔物理奖；2001年发射的"威尔金森微波各向异性探测器"（WMAP）通过测量 CMB 在各个方向上的温度涨落，确定了标准宇宙学模型（ΛCDM）和它的组分，使人类进入精确宇宙学时代。作为继 COBE 和 WMAP 之后的第3代 CMB 观测卫星，2009年5月欧洲空间局发射的 Planck 卫星进一步从微波和红外波段对 CMB 进行了更精确的观测，并于2011年、2013年和2015年先后公布了3批观测数据，相关研究论文引领了2016年度天文学与天体物理领域的热点前沿。

构成本热点前沿的42篇核心论文中有27篇是报道Planck 2013年观测结果的系列论文。2013年3月，欧洲空间局公布了根据Planck数据绘制的迄今最高分辨率的全天CMB图，刷新了WMAP卫星获得的宇宙学参数，包括宇宙年龄，宇宙中普通物质和暗物质、暗能量的比例，宇宙膨胀速率（哈勃常数H_0）等。2015年Planck的结果再次验证了这些数值。此外，利用Planck和"X射线多镜面-牛顿"（XMM-Newton）、"南极望远镜"（SPT）、"阿塔卡马宇宙望远镜"（ACT）等任务的数据，科学家还检测了CMB的引力透镜效应、苏尼阿耶夫-泽尔多维奇效应（S-Z effect）等，对于了解星系的形成过程、暗物质与重子物质在星系形成过程中的相互作用提供了观测支持。

此外，Planck对CMB的观测还帮助澄清了2014年的原初引力波发现争议。2014年3月，南极"宇宙河外星系偏振背景成像"（BICEP2）望远镜团队宣布探测到CMB光子的B-模式极化，有望成为支持宇宙暴胀理论的直接证据。这一有望问鼎诺贝尔奖的重大研究结果迅速引起国际天文学界广泛关注，但随后受到越来越多的质疑，最终科学家通过联合分析Planck和BICEP2的数据，正式确认BICEP2的观测结果无法证明原处引力波的存在。相关的研究论文也成为2015年天文与天体物理领域的新兴前沿。

从核心论文的产出国家和机构来看（表9.2），参与实施Planck任务的美国、欧洲空间局成员国及合作国表现最为抢眼。美国参与发表了95.2%的核心论文。美国加利福尼亚大学伯克利分校、加州理工学院分别位列机构排名的第1位、第3位。加拿大、德国、英国紧随美国之后，且参与发表论文比例都在85%以上，反映出本研究领域具有紧密的国际合作态势。

表9.2 "基于'普朗克'卫星（planck）等对宇宙微波背景辐射的探测"研究前沿中核心论文的Top产出国家和机构

排名	国家	核心论文/篇	比例/%	排名	机构	国家	核心论文/篇	比例/%
1	美国	40	95.2	1	加利福尼亚大学伯克利分校	美国	38	90.5
2	加拿大	38	90.5	2	马普学会	德国	37	88.1
3	德国	37	88.1	3	加州理工学院	美国	34	81.0
4	英国	36	85.7	3	伊利诺伊大学香槟分校	美国	34	81.0
5	法国	32	76.2	5	麦吉尔大学	加拿大	33	78.6
6	意大利	31	73.8	5	加利福尼亚大学戴维斯分校	美国	33	78.6
7	荷兰	30	71.4	7	卡迪夫大学	英国	32	76.2
7	南非	30	71.4	7	多伦多大学	加拿大	32	76.2
9	西班牙	29	69.0	9	普林斯顿大学	美国	31	73.8
9	挪威	29	69.0	9	英属哥伦比亚大学	加拿大	31	73.8
9	波兰	29	69.0					

从该研究前沿的施引论文情况来看（表9.3），美国是施引论文最多的国家，其次为英国和德国。核心论文数量排名第2的加拿大参与发表的施引论文数量较少，仅排第6位。德国马普学会是施引论文最多的机构，力压美国加州理工学院、加利福尼亚大学伯克利分校和哈佛大学，排名第1。

表9.3 "基于'普朗克'（planck）卫星等对宇宙微波背景辐射的探测"研究前沿中施引论文的Top产出国家和机构

排名	国家	施引论文/篇	比例/%	排名	机构	国家	施引论文/篇	比例/%
1	美国	996	52.3	1	马普学会	德国	339	17.8
2	英国	582	30.6	2	加州理工学院	美国	287	15.1
3	德国	519	27.3	3	加利福尼亚大学伯克利分校	美国	257	13.5
4	意大利	426	22.4	4	哈佛大学	美国	200	10.5
5	法国	369	19.4	5	剑桥大学	英国	194	10.2
6	加拿大	345	18.1	6	意大利国家原子物理研究所	意大利	193	10.1
7	西班牙	255	13.4	7	意大利国家天文物理研究所	意大利	189	9.9
8	荷兰	199	10.5	8	巴黎第七大学	法国	183	9.6
9	智利	198	10.4	9	普林斯顿大学	美国	181	9.5
10	日本	175	9.2	10	多伦多大学	加拿大	178	9.3

9.1.3 重点热点前沿——基于"斯隆数字巡天"（SDSS）等多项巡天项目的重子声学振荡相关研究

重子声学振荡（BAO）巡天及相关研究是近年来天文学和天体物理领域备受关注的研究主题。热点前沿"基于'斯隆数字巡天'（SDSS）等多项巡天项目的重子声学振荡相关研究"中的7篇核心论文继2014年、2015年之后再续辉煌，继续构成2016年Top 10热点前沿之一。

BAO是在宇宙早期声波传播造成的大尺度结构中可见物质密度的规律性和周期性涨落，因此可以作为绝佳的标准尺度，测量不同红移时BAO信号峰的位置就可以推算宇宙加速膨胀和暗能量。在美国国家科学基金会、国家航空航天局和能源部要求下成立的暗能量专家联合顾问组于2006年发表研究报告，将BAO、星系团、超新星和弱引力透镜作为暗能量的四大探测手段，并认为与其他方法相比，BAO受天体物理学不确定性的影响最小。

SDSS和"2度视场星系红移巡天"（2dFGRS）项目分别在2000年和2001年首次直接探测到了BAO信号。此后，"WiggleZ暗能量巡天""6度视场星系巡天"（6dFGS）等项目也探测到了BAO信号。在2009～2014年，SDSS项目专门开展了重子振荡光谱巡天（BOSS）子项目来探测BAO在早期宇宙中印记的特征尺度。2016年7月，由百余名科学家组成的研究团队宣布利用 BOSS 观测数据生成了迄今最大的宇宙三维地图，未来可用于对暗能量开展精确测量。本热点前沿核心论文对以上巡天项目均有涉及，研究内容包括发现 BAO 信号、利用 BAO 提升距离测量精度、测绘距离和红移的关系等。

根据核心论文的产出国家和产出机构的分析（表 9.4），美国在该前沿的表现最为突出，参与发表全部 7 篇核心论文。纽约大学、亚利桑那大学和加利福尼亚大学伯克利分校并列 Top 产出机构第 2 名。此外，澳大利亚斯威本科技大学表现突出，位列 Top 产出机构第 1 名。西班牙巴塞罗那大学与 3 所美国研究机构并列 Top 产出机构第 2 名。

从该研究前沿的施引论文情况来看（表 9.5），美国参与发表的施引论文最多，占全部施引论文的 33.6%，其次为英国、中国和德国。施引论文数量排名 Top 10 机构中，5 所来自美国，其中加利福尼亚大学伯克利分校排名第 1。德国马普学会和中国科学院分别位列第 2 名和第 3 名。

表 9.4 "基于'斯隆数字巡天'（SDSS）等多项巡天项目的重子声学振荡相关研究"研究前沿中核心论文的 Top 产出国家和机构

排名	国家	核心论文/篇	比例/%	排名	机构	国家	核心论文/篇	比例/%
1	美国	7	100.0	1	斯威本科技大学	澳大利亚	4	57.1
2	英国	4	57.1	2	纽约大学	美国	3	42.9
2	澳大利亚	4	57.1	2	亚利桑那大学	美国	3	42.9
4	西班牙	3	42.9	2	巴塞罗那大学	西班牙	3	42.9
5	加拿大	2	28.6	2	加利福尼亚大学伯克利分校	美国	3	42.9
5	法国	2	28.6					
5	德国	2	28.6					
5	日本	2	28.6					

表 9.5 "基于'斯隆数字巡天'（SDSS）等多项巡天项目的重子声学振荡相关研究"研究前沿中施引论文的 Top10 产出国家和机构

排名	国家	施引论文/篇	比例/%	排名	机构	国家	施引论文/篇	比例/%
1	美国	621	33.6	1	加利福尼亚大学伯克利分校	美国	183	9.9
2	英国	353	19.1	2	马普学会	德国	169	9.1
3	中国	351	19.0	3	中国科学院	中国	167	9.0
4	德国	296	16.0	4	朴次茅斯大学	英国	129	7.0
5	意大利	262	14.2	5	哈佛大学	美国	116	6.3
6	西班牙	260	14.1	6	意大利国家原子物理研究所	意大利	113	6.1
7	法国	204	11.0	7	芝加哥大学	美国	112	6.1
8	日本	147	8.0	8	宾夕法尼亚州立大学	美国	92	5.0
9	加拿大	139	7.5	9	加州理工学院	美国	90	4.9
10	巴西	122	6.6	10	东京大学	日本	88	4.8

9.2 新兴前沿及重点新兴前沿解读

9.2.1 新兴前沿概述

天文学与天体物理领域的 2 个新兴前沿分别是"'罗塞塔'（Rosetta）探测器对彗星 67P/ 丘留莫夫 - 格拉西缅科的观测研究"和"恒星、星系形成理论与观测研究"（表 9.6），下面对第 1 个新兴前沿进行重点解读。

表 9.6　天文学与天体物理领域的 2 个新兴前沿

序号	新兴前沿	核心论文/篇	被引频次	核心论文平均出版年
1	"罗塞塔"（Rosetta）探测器对彗星 67P/ 丘留莫夫 - 格拉西缅科的观测研究	15	237	2014.9
2	恒星、星系形成理论与观测研究	4	127	2014.5

9.2.2 重点新兴前沿——"罗塞塔"（Rosetta）探测器对彗星 67P/丘留莫夫－格拉西缅科的观测研究

"罗塞塔"（Rosetta）是欧洲空间局耗资 14 亿欧元的彗星探测任务，主要任务目标是近距离探测和研究彗星。Rosetta 于 2004 年 3 月发射，经过近 10 年和 64 亿千米的飞行，于 2014 年 8 月与彗星 67P/ 丘留莫夫 - 格拉西缅科（67P/Churyumov-Gerasimenko，简称 67P）成功交会，此后在 11 月释放着陆器"菲莱"（Philae）登陆彗星表面，这是人造探测器有史以来第一次在彗星上进行软着陆。2014 年年底，Science 杂志将 Rosetta 对彗星的探测评选为年度 10 大科学突破之首。

彗星保留着太阳系形成时期的原始物质，有可能是地球上水甚至生命的来源。Rosetta 任务包括轨道器和 Philae 着陆器两大组件。轨道器伴飞彗星 67P 飞越近日点，全程观察和探测彗星发生的变化。着陆器主要探测彗核的组成和结构，从而研究彗星在太阳系演变中的作用。着陆器在彗星表面仅工作了 57 小时，但轨道器一直伴飞彗星 67P 开展观测研究，在 2015 年 8 月 13 日，伴随彗星 67P 飞过近日点。ESA 计划在 2016 年 9 月 30 日采用可控撞击的形式使轨道器降落至彗星 67P 表面，完成最终使命。

雄心勃勃的探索任务带来了丰沛的科学回报。该新兴前沿包括 15 篇论文，均在 2014～2015 年间发表，代表了 Rosetta 任务获得的最受关注的研究发现。通讯作者机构中，除欧洲空间局作为 Rosetta 任务的主持机构外，德国宇航中心、意大利国家天文物理研究所、马普学会、美国西南研究院、伯尔尼大学等都是重要的参研机构，也是多项科学载荷首席科学家的所在机构，这也表明主持或参与空间任务对于空间科学研究取得原创突破具有决定性影响。

第 10 章 数学、计算机科学与工程

10.1 热点前沿及重点热点前沿解读

10.1.1 数学、计算机科学与工程领域 Top 10 热点前沿发展态势

数学、计算机科学与工程领域位居前 10 位的热点前沿主要集中于犹豫模糊集理论、构形设计和传热分析、Keller-Segel 趋化方程、偏微分方程、云制造、物联网、多输入多输出系统、量子密钥分配、锂电池、生物启发式算法等领域（表 10.1 和图 10.1）。

表 10.1 数学、计算机科学与工程领域 Top10 热点前沿

排名	热点前沿	核心论文/篇	被引频次	核心论文平均出版年
1	犹豫模糊集理论及其在决策中的应用	42	2020	2013.3
2	构形设计和传热分析	33	1047	2013.3
3	关于 Keller-Segel 趋化方程的研究	39	1046	2013.3
4	几类偏微分方程的求解	24	989	2013.2
5	物联网、云制造及其相关信息服务技术	38	1508	2013.1
6	多输入多输出（MIMO）系统的研究与设计	19	1374	2013.1
7	测量设备无关型量子密钥分配研究	18	1882	2012.9
8	电动汽车用锂离子电池的充电状态估计和老化机制	41	1927	2012.6
9	应用纳米零价铁（ZVI）处理地下水和废水	19	1087	2012.6
10	生物启发式算法及其优化	37	1839	2012.5

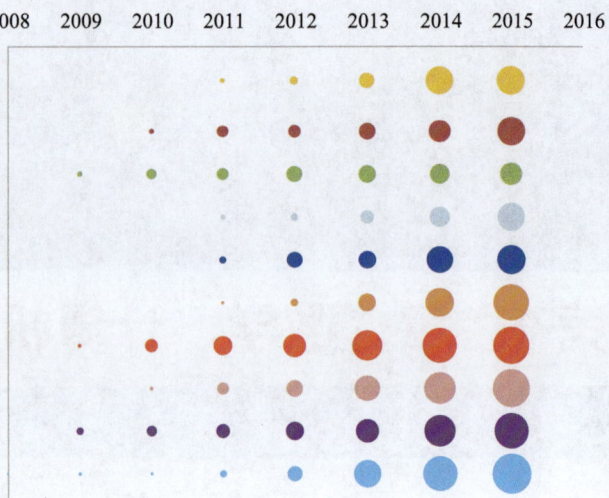

图 10.1　数学、计算机科学与工程领域 Top10 热点前沿的施引论文

10.1.2 重点热点前沿——物联网、云制造及其相关信息服务技术

物联网的概念最初来源于美国麻省理工学院在 1999 年提出的网络无线射频识别（RFID）系统。2005 年国际电信联盟（ITU）在其年度报告中确定了"物联网"的概念，即"通过将短距离的移动收发器内嵌到各种配件和日常用品中，人与人、人与物、物与物之间形成了一种新的交流方式，即在任何时间、任何地点都可以实现实时交互"。物联网被看作继计算机、互联网与移动通信网之后信息领域的又一次重大发展和变革机遇。近年来，世界主要国家纷纷出台物联网发展计划，进行相关技术和产业的前瞻布局。

近年来，云制造以云计算、物联网等新一代信息技术为依托，突破先进制造技术瓶颈，发展成为一种新兴制造模式。云制造集成各类制造资源和能力为云服务，智能化地管理和经营云服务，为有需求的企业用户提供安全、优质、廉价的云服务。云制造是制造业信息化的发展，是云计算在制造领域的落地与延伸，较好地弥补了现有制造模式的缺点，一经提出就成为国内外学者研究的热点。

物联网是信息技术领域的一次重大变革，云制造技术是制造业中物理世界与信息世界的连接桥梁，其发展离不开新一代信息服务技术快速发展。"物联网、云制造及其相关信息服务技术"领域近期的研究重点聚焦在物联网、云制造核心技术的开发以及应用场景的拓展。来自美国欧道明大学的许立达教授等设计了面向企业的供应链管理、自动装配规划、服务工作流等一系列信息系统构架，提出了工业信息学的概念，在物联网和云制造领域引起了广泛关注。基于物理网和云制造技术的融雪水资源管理、洪水预警、食品安全、家庭医疗服务等一系列信息系统的研究正在不断拓展物联网和云制造技术的应用场景。

在该前沿的核心论文中，美国和中国

的研究都占到了70%以上,而且美国和中国之间还存在着广泛的合作,说明美国和中国在该领域占有较大优势。英国、瑞典、泰国、新西兰、波兰和加拿大等国贡献的核心论文量与美国和中国存在较大差距。特别值得一提的是,在该热点前沿中,华人科学家的表现特别抢眼,全部38篇核心论文中有36篇论文的通讯作者是华人科学家,其中又以许立达教授的影响最大。同样地,排名前5名的研究机构也全部来自中国和美国,分别是美国的欧道明大学,中国的中国科学院、北京航空航天大学、上海交通大学、中国科学技术大学,以及美国的印第安纳大学与普渡大学印第安纳波利斯联合分校(表10.2)。

从施引论文的角度来看(表10.3),排名前2位的国家(地区)依然是中国大陆和美国,可见中国大陆和美国继续引领着该领域的研究。中国台湾、西班牙、印度、澳大利亚、日本等也加入了该领域的研究。

表10.2 "物联网、云制造及其相关信息服务技术"研究前沿中核心论文的Top产出国家(地区)和机构

排名	国家(地区)	核心论文/篇	比例/%	排名	机构	国家(地区)	核心论文/篇	比例/%
1	美国	29	76.3	1	欧道明大学	美国	23	60.5
2	中国	28	73.7	2	中国科学院	中国大陆	15	39.5
3	英国	5	13.2	3	北京航空航天大学	中国大陆	6	15.8
4	瑞典	3	7.9	3	上海交通大学	中国大陆	6	15.8
5	泰国	2	5.3	5	中国科学技术大学	中国大陆	4	10.5
6	新西兰	1	2.6	5	印第安纳大学与普渡大学印第安纳波利斯联合分校	美国	4	10.5
6	波兰	1	2.6					
6	加拿大	1	2.6					

表10.3 "物联网、云制造及其相关信息服务技术"研究前沿中施引论文Top产出国家(地区)和机构

排名	国家(地区)	施引论文/篇	比例/%	排名	机构	国家(地区)	施引论文/篇	比例/%
1	中国大陆	298	58.5	1	欧道明大学	美国	109	21.4
2	美国	203	39.9	2	中国科学院	中国大陆	52	10.2
3	英国	47	9.2	3	北京航空航天大学	中国大陆	45	8.8
4	中国台湾	22	4.3	4	上海交通大学	中国大陆	43	8.4
5	瑞典	19	3.7	5	中国科学技术大学	中国大陆	26	5.1
6	西班牙	18	3.5	6	印第安纳大学与普渡大学印第安纳波利斯联合分校	美国	24	4.7
7	加拿大	16	3.1	7	清华大学	中国大陆	19	3.7
8	印度	13	2.6	8	武汉理工大学	中国大陆	18	3.5
9	澳大利亚	12	2.4	9	吉林大学	中国大陆	16	3.1
10	日本	12	2.4	10	浙江大学	中国大陆	15	2.9

10.1.3 重点热点前沿——测量设备无关型量子密钥分配研究

量子密钥分配基于量子力学原理，可以实现通信双方无条件安全的密钥传输，为安全信息加密提供了一个理论上绝对安全的解决方案。然而，现实系统的器件不满足理论假设的缺陷，会引入各种安全漏洞，导致黑客攻击。特别是"时间位移攻击"、"死时间攻击"和"强光致盲攻击"等针对探测系统的攻击，成为"量子黑客"的主要攻击点，解决系统的实际安全问题是当前研究者探讨的重点之一。

"测量设备无关型量子密钥分配研究"热点前沿一共有18篇核心论文，从2009年至2015年，总被引频次达到1882次，篇均被引频次达到104次，可见该前沿近年来的热度非常高。其中被引频次最高的论文（486次）来自新加坡国立大学量子技术中心的物理学家 Valerio Scarani，该论文对量子密钥分配的安全性进行了综述。2012年，加拿大 Hoi-Kwong Lo 研究组的论文"Measurement-Device-Independent Quantum Key Distribution"被引频次161次，该论文提出了基于测量设备无关的量子密钥分发（MDI-QKD）协议，该协议无需对测量端的量子设备进行任何安全性假设，能有效地免疫所有探测端攻击，有效提升了量子密钥分配系统的实际安全性，受到国际上广泛关注。该研究小组的另外3篇核心论文则分别讨论了偏振编码测量设备无关量子密钥分配的实验示范、安全的量子密钥分配、测量设备无关的量子密码学。2013年，中国科学技术大学刘洋、潘建伟小组的论文"Experimental Measurement-Device-Independent Quantum Key Distribution"和加拿大的 Tittel 小组分别在国际上首次实验实现了测量器件无关的量子密钥分发，解决了所有针对探测系统的攻击，被美国物理学会 Physics 评选为2013年度国际物理学领域的11项重大进展。2014年，潘建伟、张强、陈腾云等发表论文"Measurement-Device-Independent Quantum Key Distribution over 200 km"，通过发展高速独立激光干涉技术，结合中国科学院上海微系统与信息技术研究所自主研发的高效率、低噪声超导纳米线单光子探测器，将抵御黑客攻击的远程量子密钥分发系统的安全距离扩展至200千米，并将成码率提高了3个数量级，创下新的世界纪录。该论文被 *Physical Review Letters* 评论为"实用量子密钥分发的重要里程碑"和"物理和技术上的重大进展"，并被该期刊评选为"编辑推荐"论文。欧洲物理学会下属的 physicsworld.com 网站以"安全的量子通信传输到远距离"为题报道了该成果。

对该前沿核心论文的产出国家和机构进行分析（表10.4），可以看出，目前该前沿的研究主要集中在加拿大、西班牙、瑞士、英国、美国、德国、日本、中国、法国、奥地利、比利时、挪威和新加坡等国家。该领域的18篇核心论文中，加拿大参与了9篇。从机构来看，45个参与机构中，加拿大的多伦多大学完成了7篇核心论文，排在机构的第1名；西班牙的维戈大学完成4篇论文，排在第2名；中国的中国科技大学完成了3篇核心论文，清华大学与中国科学技术大学合作完成了3篇论文，中国科学院上海微系统与信息技术研究所参与了其中的2篇论文。

从该前沿18篇核心论文的施引论文来看，中国的施引论文最多（表10.5），有294篇，占到了总量的27.8%；英国以162篇位居第2位；美国以148篇位居第3位。施引论文量排名前10的机构中有3个来自中国，其中中国科学技术大学的施引论文数最多；其中有2个机构来自加拿大。该前沿核心论文与施引论文统计结果表明，中国在"测量设备无关型量子密钥分配研究"前沿已经开展了卓有成效的研究。

表10.4 "测试设备无关的量子密钥分配研究"研究前沿中核心论文的Top产出国家和机构

排名	国家	核心论文/篇	比例/%	排名	机构	国家	核心论文/篇	比例/%
1	加拿大	9	50.0	1	多伦多大学	加拿大	7	38.9
2	西班牙	4	22.2	2	维戈大学	西班牙	4	22.2
2	瑞士	4	22.2	3	日本电信电话公社	日本	3	16.7
2	英国	4	22.2	3	中国科学技术大学	中国	3	16.7
2	美国	4	22.2	3	清华大学	中国	3	16.7
6	德国	3	16.7	3	约克大学	英国	3	16.7
6	日本	3	16.7	3	麻省理工学院	美国	3	16.7
6	中国	3	16.7	8	中国科学院	中国	2	11.1
9	法国	2	11.1	8	布鲁塞尔自由大学	比利时	2	11.1
9	奥地利	2	11.1	8	挪威科技大学	挪威	2	11.1
9	比利时	2	11.1	8	新加坡国立大学	新加坡	2	11.1
9	挪威	2	11.1	8	日内瓦大学	瑞士	2	11.1
9	新加坡	2	11.1	8	马普学会	德国	2	11.1
				8	埃尔朗根-纽伦堡大学	德国	2	11.1

表10.5 "测试设备无关的量子密钥分配研究"研究前沿中施引论文的Top产出国家和机构

排名	国家	施引论文/篇	比例/%	排名	机构	国家	施引论文/篇	比例/%
1	中国	294	27.8	1	中国科学技术大学	中国	73	6.9
2	英国	162	15.3	2	滑铁卢大学	加拿大	52	4.9
3	美国	148	14.0	3	多伦多大学	加拿大	51	4.8
4	加拿大	133	12.6	4	马普学会	德国	49	4.6
5	德国	114	10.8	5	中国科学院	中国	35	3.3
6	日本	83	7.8	6	帕拉茨基大学	捷克	34	3.2
7	西班牙	82	7.8	7	新加坡国立大学	新加坡	32	3.0
8	意大利	74	7.0	7	麻省理工学院	美国	32	3.0
9	澳大利亚	59	5.6	9	清华大学	中国	30	2.8
10	瑞士	56	5.3	9	日本国家信息与通信研究院	日本	30	2.8
				9	约克大学	英国	30	2.8

10.2 新兴前沿及重点新兴前沿解读

10.2.1 新兴前沿概述

数学、计算机科学与工程领域有 3 项研究入选新兴前沿,分别是"基于临床应用的磁共振脑成像算法优化""混合动力电动客车的能量管理策略"和"城市热岛的缓解"(表 10.6)。

表 10.6 数学、计算机科学与工程领域的 3 个新兴前沿

序号	新兴前沿	核心论文/篇	被引频次	核心论文平均出版年
1	基于临床应用的磁共振脑成像算法优化	13	130	2014.8
2	混合动力电动客车的能量管理策略	7	143	2014.6
3	城市热岛的缓解	8	100	2014.6

10.2.2 重点新兴前沿——混合动力电动客车的能量管理策略

能源危机和环境污染是汽车工业和城市管理所面临的重大挑战,研发节能、环保的公共交通工具关系到国家和城市的可持续发展问题。混合动力电动客车是配备了两种或两种以上动力源(其中一种动力由电动机提供)的客车,它具备传统客车和纯电动客车两者的优点。通过不同能源的优化互补、协调合作,可在保证汽车动力性、安全性及舒适性的前提下,改善汽车的节能减排性能,而且续驶里程不受限制,价格适中,适合产业化,也被认为是目前最有希望替代传统客车的方案,因此,对混合动力电动客车关键技术的研究具有非常重要的现实意义。

电动客车能量管理策略是混合动力电动客车的核心技术,是实现车辆燃油经济性和清洁环保性的关键。只有在充分了解不同动力源工作原理及工作特性的基础上,合理利用多种动力源的优势,采取行之有效的控制策略才能达到预想的控制目标。由于混合动力电动汽车能量管理涉及了电能、热能、机械能等能量的转化与控制,系统十分复杂,并且其控制优化目标也各有不同。因此,大量的研究从不同的角度对混合动力电动客车能量管理问题进行了定义与描述。

该新兴前沿共入选 7 篇核心论文,其中 4 篇来自瑞典查尔姆斯理工大学的 Xiaosong Hu,其主要研究内容是具有不同能量管理策略和电池尺寸的系列插电式混合动力电动客车的能源效率分析,混合动力电动客车电化学缓冲器的比较,混合动力电动城市客车的最佳尺寸和功率管理,以及混合动力电动客车混合能源储存系统的能量管理和寿命设计等。北京理工大学的 Chao Sun 有 2 篇论文进入核心论文行列,2015 年发表在 *IEEE Transaction on Control Systems Technology* 上的文章主要研究的是利用动态交通反馈数据进行混合动力电动汽车的能量管理研究,另一篇在加利福尼亚大学伯克利分校发表的文章研究的是能量管理预测。

第 11 章 经济学、心理学及其他社会科学

11.1 热点前沿及重点热点前沿解读

11.1.1 经济学、心理学及其他社会科学领域 Top 10 热点前沿发展态势

经济学、心理学及其他社会科学领域位居前10位的热点前沿中，心理学领域占据3席，分别是"网络成瘾的致因与行为影响""自残与自杀行为研究"和"音乐训练与认知能力"，其中网络成瘾的致因相关研究2015年曾入选 Top 10 热点前沿（表11.1 和图11.1）。一些社会问题如"电子烟的相关问题研究"和"亚马逊土耳其机器人与合作行为研究"受到持续的关注，连续两年进入该领域 Top 10 热点前沿，且研究内容更加深入。与此同时，新的社会学研究问题不断成为热点，例如"美国医疗改革的影响与成效"和"全球水烟的发展及其对健康的影响"新入选2016年的 Top 10 热点前沿。两个与资源环境相关的社会经济问题也成为重要的前沿，包括"全球土地和自然资源争夺研究"和"基于数据包络分析法的环境效益和能源效率评价"。而在经济与管理研究领域，家族企业的研究问题第3次成为该领域的 Top10 热点前沿，与2013年"家族企业的创业精神和表现"和2014年"家族企业管理与绩效"不同，2016年的研究前沿更关注"家族控制（参与）对企业战略选择和创新的影响"。

总之，在2016年经济学、心理学及其他社会科学领域的 Top10 热点前沿与前几年的热点前沿有一定的延续性，部分社会热点问题多次成为近几年的热点前沿，但可以看出每年的研究内容有不同程度的深化、拓展和转移。

11.1.2 重点热点前沿——美国医疗改革的影响与成效

2010年3月23日，美国总统奥巴马在白宫签署了医疗保险改革法案（全称为"患者保护与平价医疗法案"，*Patient Protection and Affordable Care Act*；简称

表11.1 经济学、心理学及其他社会科学领域Top10热点前沿

排名	热点前沿	核心论文/篇	被引频次	核心论文平均出版年
1	电子烟的用户偏好、有毒物质释放、管制以及对戒烟的影响	50	3710	2012.8
2	亚马逊土耳其机器人与合作行为研究	18	3019	2012.7
3	美国医疗改革的影响与成效	23	1238	2012.7
4	全球水烟的发展及其对健康的影响	23	1072	2012.7
5	网络成瘾的致因与行为影响	28	1834	2012.6
6	自残与自杀行为研究	28	1625	2012.6
7	家族控制（参与）对企业战略选择和创新的影响	28	1360	2012.6
8	音乐训练与认知能力	19	1466	2012.5
9	全球土地和自然资源争夺研究	27	1350	2012.5
10	基于数据包络分析法的环境效益与能源效率评价	35	1545	2012.4

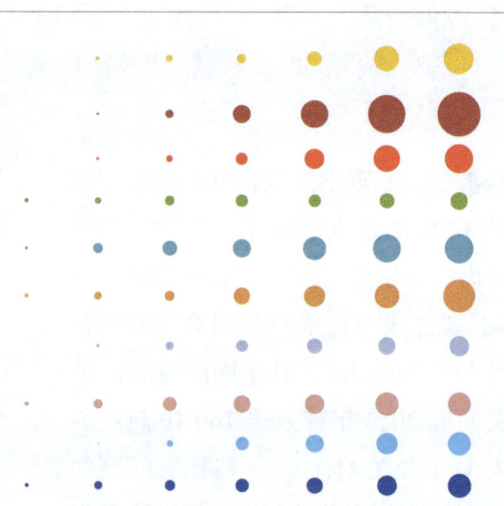

图11.1 经济学、心理学及其他社会科学领域Top10热点前沿的施引论文

Affordable Care Act，ACA），这是奥巴马执政以来最重要的立法成果之一，医疗改革法案是为没有医疗保险的美国公民提供医疗保障，被称为美国社会保障体系45年来的最大变革，可能对美国个人、企业和政府产生深远影响。医疗保险改革法案使得美国接受改革的各州扩展其医疗补助计划（Medicaid Expansions）。但该法案也引起了诸多争议，美国民众在医改问题上也存在严重分歧，*The New York Times* 与

哥伦比亚广播公司于 2012 年 3 月 26 日公布的民调显示，47% 的人支持医改，36% 的人反对医改。

2016 年 7 月 11 日，美国总统奥巴马在顶级医学期刊 JAMA 上发表在线文章，总结了他在任期间美国医改取得的进展和下一步规划：ACA 的实施成功地提升了医保覆盖率，美国的未投保人数从 2010 年的 4900 万下降至 2015 年的 2900 万。由于这篇论文在我们数据采集之后，因此并没有包括在该前沿的核心论文和施引论文中。

该热点前沿的 23 篇核心论文，聚焦于学术界及社会各界共同关注的重要问题——美国医疗改革的效果究竟如何？这些核心论文及其施引论文重点关注了医疗改革对急诊访问可能带来的影响，俄勒冈州医疗保险试点的成效，以及作为 ACA 原形和样板的马萨诸塞州 2006 卫生改革的进展和成效等主题。

其中 2010 年的一篇论文阐述了在美国医疗改革之前的美国急诊访问的趋势与特点以及医疗改革可能对其带来的影响，被引频次达到 184 次，成为被引频次最高的论文。两篇发表于 2012 年和 2013 年的论文分析了俄勒冈州医疗保险试点的成效，被引频次也达到 141 次和 125 次。

该领域 23 篇核心论文全部来自美国，其中哈佛大学的核心论文最多，有 12 篇，占比为 52.2%（表 11.2）。同时，哈佛大学的施引论文数量也排名第 1，其核心论文是位居第 2 名的美国国家经济研究局的两倍，施引论文也是第 2 名加利福尼亚大学旧金山分校的两倍多（表 11.3），表明哈佛大学是该热点前沿的主要研究者。

表 11.2 "美国医疗改革的影响与成效"研究前沿中核心论文的 Top 产出国家和机构

排名	国家	核心论文/篇	比例/%	排名	机构	国家	核心论文/篇	比例/%
1	美国	23	100.0	1	哈佛大学	美国	12	52.2
				2	美国国家经济研究局	美国	6	26.1
				3	布莱根妇女医院	美国	4	17.4
				4	哥伦比亚大学	美国	3	13.0
				4	麻省理工学院	美国	3	13.0
				4	兰德公司	美国	3	13.0
				4	美国城市研究所	美国	3	13.0

表 11.3 "美国医疗改革的影响与成效"研究前沿中施引论文的 Top 产出国家和机构

排名	国家	施引论文/篇	比例/%	排名	机构	国家	施引论文/篇	比例/%
1	美国	806	87.2	1	哈佛大学	美国	140	15.2
2	加拿大	35	3.8	2	加利福尼亚大学旧金山分校	美国	63	6.8

续表

排名	国家	施引论文/篇	比例/%	排名	机构	国家	施引论文/篇	比例/%
3	英国	26	2.8	3	密歇根大学	美国	53	5.7
4	澳大利亚	15	1.6	4	布莱根妇女医院	美国	51	5.5
5	荷兰	12	1.3	5	宾夕法尼亚大学	美国	48	5.2
6	德国	11	1.2	6	美国国家经济研究局	美国	38	4.1
7	法国	9	1.0	7	乔治·华盛顿大学	美国	36	3.9
8	中国	8	0.9	7	耶鲁大学	美国	36	3.9
9	瑞士	8	0.9	9	加利福尼亚大学洛杉矶分校	美国	31	3.4
10	日本	6	0.6	10	埃默里大学	美国	30	3.2

11.1.3 重点热点前沿——基于数据包络分析法的环境与能源效率评价

随着产业和经济不断发展，资源的盲目开发和使用，污染物的随意排放等，全球变暖和气候变化等环境方面的重大挑战随之出现，产业污染和经济增长之间的平衡成为重要的政策问题之一。可持续发展理念的提出促进了各国政府对环境管制的强化，环境和能源效率评价成为世界主要关注的政策问题之一，有效的环境评估不但可以宏观上了解各地区环境绩效，还可以从微观上为环境管理和能源利用政策的制定和实施提供详细的信息。

数据包络分析（data envelopment analysis，DEA）是近几年能源和环境效率评价模型中最流行的方法，35篇核心文献均是利用数据包络分析的各种方法和模型，其中应用较多的DEA评价方法是非径向DEA模型（non-radial DEA models），在这些模型中，Metafrontier 分析模型、Malmquist 指数分析、Slacks 测度模型等是在环境和能源效率评价中应用较多的模型和方法。

从研究国家（地区）层面分析（表11.4），35篇核心论文中，中国大陆参与的论文有20篇，占所有论文的一半以上（57.1%），其次是美国（11篇）、日本（9篇）、韩国（6篇）、新加坡（5篇）、澳大利亚（2篇）等。

中国大陆的20篇核心论文中，南京航空航天大学贡献了10篇，排名世界Top机构的第1名，江西财经大学和北京理工大学，分别以4篇和3篇的论文数排在第6和第7位。而美国的11篇核心论文，有10篇来自新墨西哥矿业大学（10篇都是 Toshiyuki Sueyoshi 教授为通讯作者）。而日本的9篇核心论文中，7篇是电力中央研究所，韩国的6篇论文则全部来自仁荷大学，新加坡5篇论文也都是新加坡国立大学贡献的，这三所机构分别排在第3～5位（表11.4）。

从施引论文的Top10国家（地区）中

表 11.4 "基于数据包络分析法的环境与能源效应评价"研究前沿中核心论文的 Top 产出国家（地区）和机构

排名	国家（地区）	核心论文/篇	比例/%	排名	机构	国家（地区）	核心论文/篇	比例/%
1	中国大陆	20	57.1	1	南京航空航天大学	中国大陆	10	25.7
2	美国	11	31.4	2	新墨西哥矿业大学	美国	10	20.0
3	日本	9	25.7	3	电力中央研究所	日本	7	17.1
4	韩国	6	17.1	3	仁荷大学	韩国	6	17.1
5	新加坡	5	14.3	5	新加坡国立大学	新加坡	5	14.3
6	澳大利亚	2	5.7	6	江西财经大学	中国大陆	4	11.4
7	加拿大	1	2.9	7	北京理工大学	中国大陆	3	8.6
7	德国	1	2.9					
7	中国台湾	1	2.9					
7	英国	1	2.9					
7	葡萄牙	1	2.9					

可见，中国大陆以 303 篇施引论文位居榜首，占全部施引论文的 45%。美国和中国台湾分别以 99 篇和 74 篇施引论文位于第 2 名和第 3 名。在施引论文 Top 国家（地区）中，还有日本、伊朗、英国、西班牙、韩国、澳大利亚和德国。

施引论文的 Top10 机构排行榜中，中国大陆有 7 个机构入围，分别是厦门大学、南京航空航天大学、北京理工大学、江西财经大学、中国科学院、闽江学院和中国科学技术大学，其中厦门大学以 38 篇施引论文数位居榜首，排在第 2 的是美国的新墨西哥矿业大学。进入施引论文 Top 10 机构排行榜的还有日本的电力中央研究所、伊朗的德黑兰大学、韩国的仁荷大学、西班牙的瓦伦西亚大学和中国台湾的东吴大学（表 11.5）。

表 11.5 "基于数据包络分析法的环境与能源效应评价"研究前沿中施引论文的 Top 产出国家（地区）和机构

排名	国家（地区）	施引论文/篇	比例/%	排名	机构	国家（地区）	施引论文/篇	比例/%
1	中国大陆	303	45.0	1	厦门大学	中国大陆	38	5.6
2	美国	99	14.7	2	新墨西哥矿业大学	美国	37	5.5
3	中国台湾	74	11.0	3	南京航空航天大学	中国大陆	30	4.5
4	日本	46	6.8	4	电力中央研究所	日本	28	4.2
5	伊朗	39	5.8	5	北京理工大学	中国大陆	26	3.9

续表

排名	国家(地区)	施引论文/篇	比例/%	排名	机构	国家(地区)	施引论文/篇	比例/%
6	英国	35	5.2	6	江西财经大学	中国大陆	22	3.3
7	西班牙	33	4.9	7	中国科学院	中国大陆	19	2.8
8	韩国	32	4.7	8	闽江学院	中国大陆	19	2.8
9	澳大利亚	31	4.6	9	德黑兰大学	伊朗	19	2.8
10	德国	24	3.6	10	中国科学技术大学	中国大陆	18	2.7
				10	仁荷大学	韩国	18	2.7
				10	瓦伦西亚大学	西班牙	18	2.7
				10	东吴大学	中国台湾	18	2.7

第 12 章　研究前沿国家表现

12.1 引言

前面十章对十个大学科领域的热点前沿和新兴前沿进行了详细解读和分析，本章以高度概括的视角对美国、中国、英国、德国、法国和日本六国在 180 个前沿的基础贡献水平和潜在发展水平进行评估描述，判断这些国家在多少研究前沿有贡献，主导着多少研究前沿的发展。

无论是热点前沿，还是新兴前沿，都代表了研究领域内最新发展水平的理论或思想。在国家层面上对研究前沿的分析，可以揭示其前沿研究的基础引领度和潜在引领度。

核心论文来自于 ESI 数据库中的高被引论文，即在同学科同年度中根据被引频次排在前 1% 的论文。核心论文具有较强的创新性，往往发挥着非同一般的引领作用。署名为通讯作者的核心论文数排名来判断国家的前沿引领度。

引用核心论文的施引论文可以反映出核心论文所提出的技术、数据、理论在发表之后是如何被进一步发展的，即使这些引用核心论文的论文本身并不是高被引论文。因此施引论文是对重要发现的跟踪，对前沿的关注和发展，同时也对前沿的未来发展有潜在的引领作用。用署名通讯作者施引论文数排名来判断国家的前沿潜在引领度。

某国在某领域中对通讯作者核心论文有贡献的前沿的数量与该领域的全部前沿的比值，称为某国某领域的前沿覆盖率。对比一个国家有贡献的前沿在 10 个领域的分布可以揭示各国的优势领域，揭示国家在领域间的发展是否均衡。

为了比较不同国家在不同前沿的表现，统计国家在前沿引领度和潜在引领度 2 个指标上有其参与的、排名为第 1 名和前 3 名的前沿数，可以判断国家在不同强度层次上的基础贡献实力和潜在发展水平；比较六国在 10 个领域的前沿覆盖率，可以揭示各国的优势领域。

12.2 六国总体表现

12.2.1 六国总体实力和发展潜力

在前沿引领度方面,美国在 152 个前沿都有通讯作者核心论文入选(前沿引领度接近 85%),约 80% 的(145 个)前沿的通讯作者核心论文数排名在前 3 名,约 60% 的(106 个)前沿位于第 1 名。从这三个角度看,美国都遥遥领先于其他 5 国(表 12.1、图 12.1 和图 12.2)。

中国有通讯作者核心论文入选的前沿数为 68 个(接近 40%),少于英国的 90 个,排名第 3。同样,中国的前 3 名引领前沿数为 59 个(约 33%),少于英国的 68 个(37.8%)(表 12.1 和图 12.1)。但中国在第 1 名领跑的前沿数为 30 个,远远超过了英国的 14 个、德国的 11 个、日本的 11 个和法国的 8 个(表 12.1 和图 12.2)。

在通讯作者施引论文的六国表现方面,所有六个国家的施引论文引领度均

表 12.1 通讯作者核心论文的前沿引领度六国表现

国家	参与			第 1 名			前 3 名		
	前沿数	比例 /%	领域数	前沿数	比例 /%	领域数	前沿数	比例 /%	领域数
美国	152	84.4	10	106	58.9	10	145	80.6	10
中国	68	37.8	10	30	16.7	8	59	32.8	9
英国	90	50.0	10	14	7.8	5	68	37.8	10
德国	66	36.7	10	11	6.1	5	39	21.7	9
法国	57	31.7	10	8	4.4	5	26	14.4	8
日本	40	22.2	10	11	6.1	6	26	14.4	7

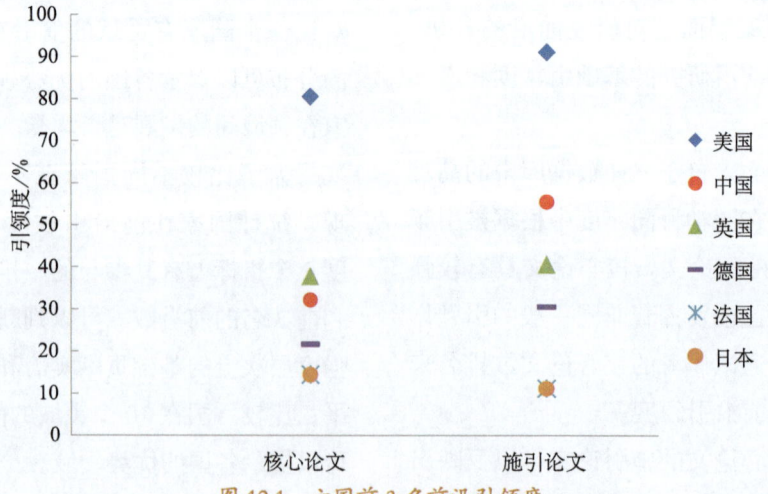

图 12.1 六国前 3 名前沿引领度

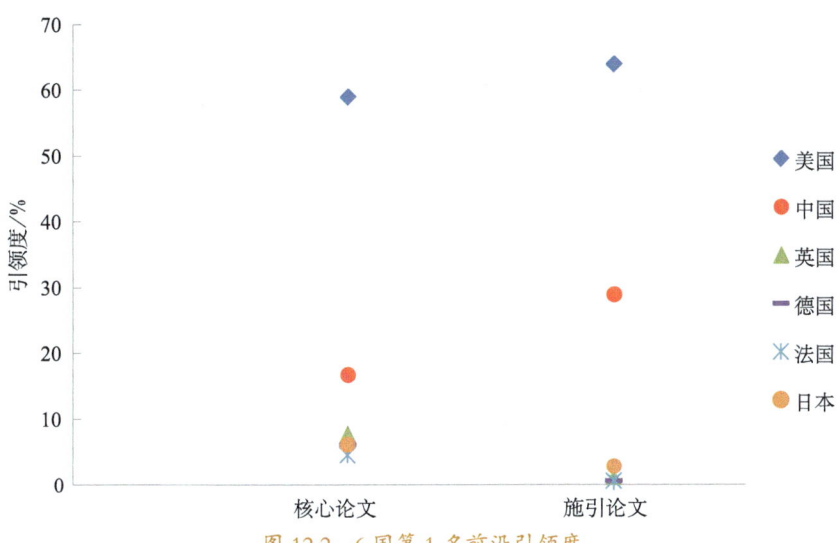

图 12.2　6 国第 1 名前沿引领度

在 90% 以上，甚至接近 100%，表明这些国家对前沿的捕捉和后续的强劲发展。美国通讯作者施引论文数排名前 3 的前沿为 164 个（超过 90%），排名第 1 的前沿达到了 115 个（接近 65%）。中国通讯作者施引论文入选的前沿有 177 个，约占 98%。中国通讯作者施引论文数排名前 3 的前沿为 100 个（约 56%），排名第 1 的前沿为 52 个（接近 30%），从上述三个角度看，中国都超越英国，稳居第 2，显示了强劲的后续发展能力（表 12.2、图 12.1 和图 12.2）。

亮点和小结：

中国在 2016 年的 100 个热点前沿和 80 个新兴前沿的近 40% 上有通讯作者核心论文入选，并在其中 1/3 的前沿通讯作者核心论文数排名前 3，在约 17% 的前沿名列第 1。在通讯作者施引论文方面，中国 100% 跟进了这些热点和新兴前沿，并在半数以上的前沿中通讯作者施引论文数进入前 3 名，在接近 1/3 的前沿，位于第 1 名。

中国在前沿引领度方面与美国差距较

表 12.2　通讯作者施引论文的前沿潜在引领度六国表现

国家	参与			第 1 名			前 3 名		
	前沿数	比例 /%	领域数	前沿数	比例 /%	领域数	前沿数	比例 /%	领域数
美国	177	98.3	10	115	63.9	10	164	91.1	10
中国	177	98.3	10	52	28.9	9	100	55.6	10
英国	171	95.0	10	2	1.1	2	72	40.0	10
德国	171	95.0	10	1	0.6	1	55	30.6	10
法国	159	88.3	10	1	0.6	1	20	11.1	7
日本	163	90.6	10	5	2.8	4	19	10.6	5

大,与英国竞争激烈。潜在引领度方面,中国全面超越英国,居于第2,显示出强劲的后续发展能力。

12.2.2 六国在10个领域的前沿覆盖率

对比六个国家10个领域的前沿分布,可以揭示各国的优势领域。美国在8个领域覆盖了80%以上的前沿,只有化学与材料科学领域和数学、计算机科学和工程领域最少,覆盖近60%和70%的前沿。

中国、英国、德国和法国前沿覆盖率超过50%以上的领域分别有3个、7个、4个和3个。日本在该指标上与其他五国差距较大,其前沿覆盖率没有超过35%(表12.3、图12.3和图12.4)。

虽然中国与英国相比前沿覆盖率超过50%以上的领域较少,但中国在3个领域(即数学、计算机科学与工程领域、化学与材料科学领域及农业、植物学和动物学领域)的前沿覆盖率都超过60%,其他领域的覆盖率都在40%以下,其中天文学与天体物理领域和临床医学领域的覆盖率最少,仅为8.3%和12.9%。

英国前沿覆盖率超过50%的领域为7个包括经济学、心理学以及其他社会科学领域、物理学领域、天文学和天体物理领域、地球科学领域、生态和环境科学领域、临床医学领域和农业、植物学和动物学领域。其中5个领域的前沿覆盖率高于60%,经济学、心理学及其他社会科学领域在90%的前沿中都有通讯作者核心论文。与中国相比,英国有更多的领域前沿覆盖率超过60%,因此在这一指标上英国略胜一筹。从雷达图也可看出与英国相比,中国的10个领域的前沿覆盖得更不均衡(图12.3和图12.4)。

表12.3 六国在10个领域入选通讯作者核心论文的前沿数

序号	领域	领域前沿数	国家前沿数					
			美国	中国	英国	德国	法国	日本
1	农业、植物学和动物学	10	8	6	6	5	4	3
2	生态与环境科学	12	10	2	6	2	4	3
3	地球科学	12	12	5	8	8	7	4
4	临床医学	31	28	4	17	7	9	7
5	生物科学	28	26	6	11	10	7	2
6	化学与材料科学	32	19	22	6	8	3	9
7	物理	20	18	8	14	10	10	7
8	天文学与天体物理	12	12	1	8	6	7	4
9	数学、计算机科学与工程	13	9	11	5	6	5	1
10	经济学、心理学及其他社会科学	10	10	3	9	4	1	0
	合计	180	152	68	90	66	57	40

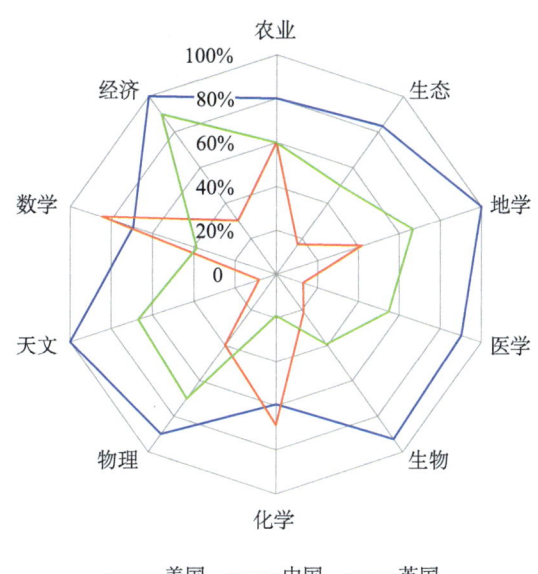

图 12.3 中国、美国和英国在 10 个领域的前沿覆盖率（通讯作者核心论文）

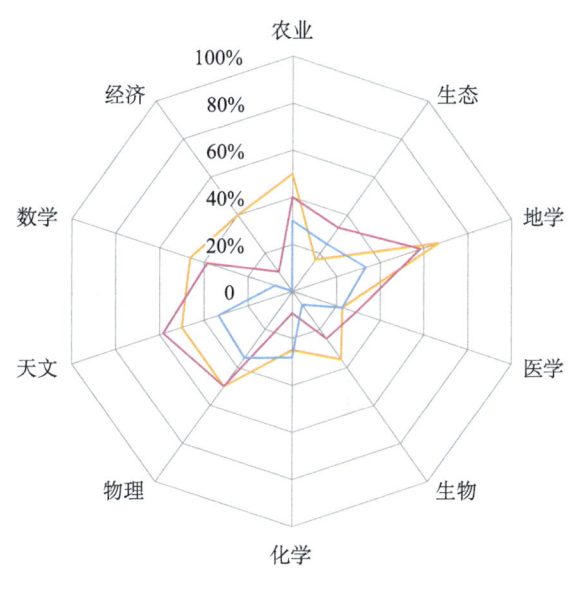

图 12.4 德国、法国和日本在 10 个领域的前沿覆盖率（通讯作者核心论文）

德国覆盖率超过 50% 的领域包括农业、植物学和动物学领域、地球科学领域、天文学与天体物理领域和物理学领域等 4 个领域。法国在 3 个领域天文学和天体物理领域、地球科学领域和物理学领域覆盖率超过 50%，其他领域都小于 40%。

日本在 3 个领域即物理学、地球科学和农业、植物学和动物学领域的覆盖率在 30%～35% 之间，其中物理学领域的覆盖率是 10 个领域中最高的，为 35%。

美国在通讯作者核心论文数排名第1的前沿在9个领域都有分布，只在数学、计算机科学和工程领域没有分布（表12.4）。

中国的第1名覆盖率仅次于美国，在8个领域都有中国通讯作者核心论文数第一名的前沿，仅缺席地球科学领域和天文学与天体物理领域2个领域。8个领域中，第一名的覆盖率最高的是数学、计算机科学与工程领域，为53.8%，其次是化学和材料科学领域（37.5%）和农业、植物学和动物学领域（20%）。

英国、德国和法国第1名都覆盖5个领域。3个国家同时覆盖的4个领域是临床医学领域、生物科学领域、化学与材料科学领域和物理学领域。英国的第5个领域是生态和环境科学领域，德国和法国的第5个领域是天文学与天体物理领域。

日本在6个领域有第1名的前沿，分别是农业、植物学和动物学领域，生态和环境科学领域，地球科学领域，临床医学领域，化学与材料科学领域，以及物理学领域。

亮点和小结：

美国相对其他五国来说，前沿覆盖率在10个领域中的分布最为均衡，且前沿覆盖率最高，在8个领域的前沿覆盖率达到80%以上。美国在通讯作者核心论文数排名第1的前沿在9个领域都有分布，只在数学、计算机科学和工程领域没有分布。

英国在雷达图上的结构与美国非常相似，前沿覆盖率在10个领域的分布相对来说也比较均衡，只是在图示中与美国相比，英国的前沿覆盖率小了一圈，在7个领域的前沿覆盖率超过50%。

与英国相比，中国的前沿覆盖率稍逊

表12.4 六国在10个领域的通讯作者核心论文第1名的前沿数

序号	领域	领域前沿数	国家前沿数					
			美国	中国	英国	德国	法国	日本
1	农业、植物学和动物学	10	5	2				1
2	生态与环境科学	12	6	1	2			1
3	地球科学	12	10					1
4	临床医学	31	23	2	5	1	3	3
5	生物科学	28	20	3	2	1	1	
6	化学与材料科学	32	12	12	4	4	1	3
7	物理	20	11	2	1	4	2	
8	天文学与天体物理	12	10			1	1	
9	数学、计算机科学与工程	13		7				
10	经济学、心理学及其他社会科学	10	9	1				
	合计	180	106	30	14	11	8	11

一筹，中国入选通讯作者核心论文的前沿数在10个领域中分布非常不均衡。中国在数学、计算机科学和工程领域、化学与材料科学领域和农业、植物学和动物学领域都覆盖了超过60%的前沿，而天文学和天体物理领域和临床医学领域覆盖率最少，仅为8.3%和12.9%。

中国的第1名覆盖率超过英国，仅次于美国，在8个领域都有中国通讯作者核心论文数第1名的前沿，仅缺席2个领域：地球科学领域和天文学与天体物理领域。8个领域中，第1名的覆盖率最高的是数学、计算机科学和工程领域，为53.8%，其次是化学与材料科学领域（37.5%）及农业、植物学和动物学领域（20%）。

12.3 六国分学科领域表现

前面一节分析了六国在180个前沿的总体表现和在10个领域的前沿覆盖率，本节按领域对六国的表现详细分析。由于美国在前沿引领度和潜在引领度2个指标都覆盖了60%以上的前沿，且在10个领域中表现较为均衡，综合实力最强。因此在分领域分析时不再对美国进行详述，而把重点放在其他五个国家的表现上。

12.3.1 农业、植物学和动物学

农业、植物学和动物学领域，包括10个热点前沿，没有新兴前沿入选。中国在6个前沿有通讯作者核心论文入选，并在其中的"植物先天免疫机制"和"子囊菌和半知菌的分类学与系统发育学"2个前沿获得第1名，4个前沿获得2~3名，在农业、植物学和动物学领域的前沿引领度表现超过英国、德国、法国三国，并直逼美国。在前沿引领度上，中国的前3名的前沿数与美国相同，都是6个前沿，只是第1名的数量与美国存在差距。

美国和中国的潜在引领度远远把其他四国甩在后面。美国和中国潜在引领度位于前3名的前沿数分别达到8个和7个，其中该指标上美国在6个前沿都获得第1名，而中国在3个前沿位居第1（表12.5）。

12.3.2 生态与环境科学

生态学与环境科学领域包括12个前沿。除美国外，英国的前沿引领度最为突出，在5个前沿进入前3（表12.6）。中国和日本虽然引领的前沿数较少，但是中国的"土壤和沉积物重金属污染"热点前沿，日本的"福岛核事故对环境的影响"热点前沿在前沿引领度和潜在引领度2个指标上都是第1名。

表12.5 农业、植物学和动物学领域的六国表现

前沿数	排名	引领前沿数						潜在引领前沿数					
		美国	中国	英国	德国	法国	日本	美国	中国	英国	德国	法国	日本
10	参与	8	6	6	5	4	3	10	10	10	9	10	10
	第1名	5	2				1	6	3		1		
	第2~3名	1	4	3	1	1	1	2	4	2	1	2	

表 12.6　生态与环境科学领域六国表现

前沿数	排名	引领前沿数						潜在引领前沿数					
		美国	中国	英国	德国	法国	日本	美国	中国	英国	德国	法国	日本
12	参与	10	2	6	2	4	3	12	12	12	12	12	12
	第1名	6	1	2			1	9	1	1			1
	第2~3名	4	1	3	1	2		2	2	5	3	3	

与日本相比，中国在生态与环境科学领域略具优势，表现在中国比日本收获更多的前2~3名的前沿。

12.3.3　地球科学

地球科学领域包括12个前沿。前沿引领度来看，国家排序都是美国、英国、德国、法国、日本、中国。日本在该领域的表现略优于中国，中国只在"气候系统模式研究"热点前沿的前沿引领度排名第2，而日本"2011年东日本大地震同震滑动研究"则在2个指标上均位列第1。

中国在该领域的基础贡献无法与其他五国相比，但在潜在发展指标方面，中国与英国和德国差距不大，都收获6个前3名，且有1个前沿的潜在引领度方面排在第1名（表12.7）。

12.3.4　临床医学

临床医学领域包括10个热点前沿和21个新兴前沿，该领域美国的表现最为突出，英国、德国和法国在该领域也有上乘表现。在引领度方面，英国、德国和法国分别参与了17、7和9个前沿，这三个国家中，英国、德国和法国分别收获14个、6个和7个前3名，英国略胜一筹（表12.8）。

表 12.7　地球科学领域的六国表现

前沿数	排名	引领前沿数						潜在引领前沿数					
		美国	中国	英国	德国	法国	日本	美国	中国	英国	德国	法国	日本
12	参与	12	5	8	8	7	4	12	11	12	11	11	11
	第1名	10					1	10	1				1
	第2~3名	2	1	8	5	3	1	2	5	6	6		

表 12.8　临床医学领域的六国表现

前沿数	排名	引领前沿数						潜在引领前沿数					
		美国	中国	英国	德国	法国	日本	美国	中国	英国	德国	法国	日本
31	参与	28	4	17	7	9	7	31	31	31	31	30	27
	第1名	23	2	5	1	3	3	28	2				
	第2~3名	5	1	9	5	4		3	4	18	13	4	3

中国和日本在该领域无法与其他四国相比，中国仅参与的前沿4个，远远少于其他四国，虽然中国在其中的3个前沿位居前3名，但也只是在个别前沿点上的优势，并没有表现出面上的竞争优势。日本在该领域的表现略优于中国，但与其他四国仍无法比拟。

在潜在引领度方面，美国在28个前沿都是第1名，其他3个前沿则是第2～3名。英国和德国获得了较多的第2～3名。中国在该领域略优于法国和日本，虽然在第2～3名的前沿数与法国和日本相当，但却有2个位居第1名："长链非编码 RNA MALA T1 促进癌细胞的增殖和转移机制"和"人感染 H7N9 禽流感病毒传播流行及生物学特性"，表现出较强的潜在研究实力。

12.3.5 生物科学

生物科学领域包括10个热点前沿和18个新兴前沿，前沿总数达到28个。美国的通讯作者核心论文覆盖该领域的26个前沿，且在20个前沿位于第1名，其他6个前沿则位于2～3名（表12.9）。中国只有6个前沿有通讯作者核心论文，全部是前3名，其中3个前沿排在第1名。英国的通讯作者核心论文数排在前3名的有9个前沿，但第1名的前沿只有2个。

在潜在引领度方面，中国的表现超过英国，18个前沿位于前3名，其中5个位于第1名。而英国12个前沿都位于第2～3名。

12.3.6 化学与材料科学

化学与材料科学领域包括10个热点前沿和22个新兴前沿，前沿总数达到32个。化学与材料科学领域是中国唯一在2个指标都超过美国的一个领域。在前沿引领度方面，中国的表现略超美国，中国入选通讯作者核心论文的22个前沿，21个前沿进入前3，美国则是19个前沿都位于前3名，美国和中国都是12个前沿位于第1名（表12.10）。

在潜在引领度方面，中国则拉大了与美国的距离，表现出强大的实力，全部参与和引领了32个前沿，且25个（75%）的前沿都是第1名，而美国仅有6个前沿位于第1名。

表12.9 生物科学领域的六国表现

前沿数	排名	引领前沿数						潜在引领前沿数					
		美国	中国	英国	德国	法国	日本	美国	中国	英国	德国	法国	日本
28	参与	26	6	11	10	7	2	27	28	26	26	23	24
	第1名	20	3	2	1	1		21	5				
	第2～3名	6	3	7	3	2	2	6	13	12	9	3	2

表 12.10 化学与材料科学领域的六国表现

前沿数	排名	引领前沿数						潜在引领前沿数					
		美国	中国	英国	德国	法国	日本	美国	中国	英国	德国	法国	日本
32	参与	19	22	6	8	3	9	30	32	25	30	22	28
	第1名	12	12	4	4	1	3	6	25			1	1
	第2~3名	7	9	1	3		5	19	7	2	5	1	4

12.3.7 物理学

物理学领域包括10个热点前沿和10个新兴前沿,共20个前沿。前沿引领度方面,德国表现更为突出,第1名的前沿数为4个,超过其他四国(表12.11)。中国在"自旋轨道耦合超冷原子体系",英国在"自驱动粒子的集群运动研究"的前沿引领度都是第1名。而从进入前3名的前沿数来看,中国达到7个,与英国和德国相当。

在潜在引领度方面,中国排在前3名的前沿数与德国和英国的一样都为9个,但中国在2个热点前沿"单层/多层黑磷的特性及其应用"和"超表面(metasurfaces)特性研究及超表面器件设计"都位于第1名。英国在"新软引力子定理研究"新兴前沿位于第1名。而德国9个前沿则都位于第2~3名。

12.3.8 天文学与天体物理

天文学与天体物理领域共有12个前沿,美国仍是最大赢家。前沿引领度方面,英国、德国和法国在该领域有较强的实力,分别参与了8个、6个和7个前沿,并在6个、5个和4个前沿获得前3名(表12.12)。德国在"罗塞塔(Rosetta)探测器对彗星67P/丘留莫夫-格拉西缅科的观测研究"新兴前沿上获得第1名。中国仅在1个热点前沿"基于'郭守敬望远镜'(LAMOST)、'日内瓦-哥本哈根巡天'(GCS)、'斯隆数字巡天'(SDSS)等观测对星系结构、成分和演化的研究"热点前沿有通讯作者核心论文,并排名第2。

潜在引领度方面,美国包揽所有12个前沿的第1名,英国的前3名前沿数为9个,显示出较强的实力。德国、中国和法国分别在5个、4个和4个前沿中获得第2~3名。

表 12.11 物理学领域的六国表现

前沿数	排名	引领前沿数						潜在引领前沿数					
		美国	中国	英国	德国	法国	日本	美国	中国	英国	德国	法国	日本
20	参与	18	8	14	10	10	7	20	19	20	20	19	20
	第1名	11	1	1	4	2	2	14	2	1			2
	第2~3名	4	6	8	3	1	3	5	7	8	9	2	3

表 12.12 天文学与天体物理学领域的六国表现

前沿数	排名	引领前沿数						潜在引领前沿数					
		美国	中国	英国	德国	法国	日本	美国	中国	英国	德国	法国	日本
12	参与	12	1	8	6	7	4	12	11	12	12	12	11
	第1名	10			1	1		12					
	第2～3名	1	1	6	4	3	2		4	9	5	4	

12.3.9 数学、计算机科学与工程

数学、计算机科学与工程领域包括10个热点前沿和3个新兴前沿，共13个前沿。前沿引领度和潜在引领度方面，中国都是第1名前沿数最多的国家，通讯作者核心论文有7个前沿是第1名，而通讯作者施引论文则是12个前沿排名第1（表12.13），超过美国，成为该领域第1名最多的国家。

12.3.10 经济学、心理学及其他社会科学

经济学、心理学及其他社会科学领域有10个前沿，没有新兴前沿入选。前沿引领度方面，美国9个前沿位于第1名，除了美国以外，英国是表现最为突出的国家，在7个前沿位于2～3名。中国只在3个前沿贡献了通讯作者施引论文，但在热点前沿"基于数据包络分析法的环境效益和能源效率评价"获得第1名（表12.14）。

潜在引领度方面，中国在2个前沿位于前3名，其中"基于数据包络分析法的环境效益和能源效率评价"热点前沿上的第1名，"网络成瘾的致因与行为影响"排名第3。英国在6个前沿排在第2～3名。

表 12.13 数学、计算机科学与工程领域的六国表现

前沿数	排名	引领前沿数						潜在引领前沿数					
		美国	中国	英国	德国	法国	日本	美国	中国	英国	德国	法国	日本
13	参与	9	11	5	6	5	1	13	13	13	10	10	11
	第1名		7						12				
	第2～3名	8	3	2	3	2	1	9	1	3	2		2

表 12.14 经济学、心理学及其他社会科学领域的六国表现

前沿数	排名	引领前沿数						潜在引领前沿数					
		美国	中国	英国	德国	法国	日本	美国	中国	英国	德国	法国	日本
10	参与	10	3	9	4	1		10	10	10	10	10	9
	第1名	9	1					9	1				
	第2～3名	1		7				1	1	6	1		

第 13 章 研究前沿中美比较

在基础研究方面,中国已经成为仅次于美国的世界第二大 SCI 论文产出国家。在研究前沿方面,中国的前沿贡献度在某些角度也超过英国、德国、法国、日本等强国。本章从 10 个领域分别展开中国和美国在 180 个前沿的前沿贡献度、前沿引领度、潜在贡献度和潜在引领度 4 个指标以及卓越前沿视角的比较分析,以期较为全面地掌握中国与美国的差距和优势。

13.1 评价方法

根据各国在 100 个热点前沿和 80 个新兴前沿的表现来反映各国在世界科研前沿布局中的态势。①前沿贡献度,当在某个前沿的核心论文中有某国作者署名时,即认为该国已经参与该前沿的研究,实际进入前沿的论文数为该国的前沿贡献度。②前沿引领度,当在某个前沿的核心论文中有某国作者作为通讯作者署名时,即认为该国已经引领该前沿的研究,实际进入前沿的论文数为该国的前沿引领度。③潜在贡献度,当在某个前沿的施引论文中出现某国作者署名时,即认为该国在该前沿中具备较强的后续贡献能力,实际进入前沿的论文数为该国的潜在贡献度。④潜在引领度,当在某个前沿的施引论文中出现某国作者作为通讯作者署名时,即认为该国在该前沿中具备较强的后续引领能力,实际进入前沿的论文数为该国的潜在引领度。

另外,根据每个国家在某个研究前沿的署名通讯作者的核心论文数量的排名定义了某个国家在该前沿的领跑、并跑和跟跑状态。具体方法是:研究前沿的署名通讯作者的核心论文数量排名第 1 的国家处于该前沿的领跑地位;研究前沿的署名通讯作者的核心论文数量排名第 2 或第 3 的国家处于该前沿的并跑地位;研究前沿的署名通讯作者的核心论文数量排名第 4 至第 10 的国家处于该前沿的跟跑地位。

卓越研究前沿的界定,卓越研究前沿分为三种类型:①研究基础卓越(通讯作者核心论文数量国家排名第一,或者国家某个机构核心论文数量第一);②研究影响力卓越(核心论文国家总被引频次第一,或国家某个机构核心论文总被引频次第一,国家某个作者的核心论文或国家某一篇核心论文被引频次第一);③研究发展潜力卓越(国家施引论文数量第一,或者国家某个机构施引论文数量第一,或国家某个作者施引论文数量第一)。

13.2 中美在各主要领域的科研实力比较分析

13.2.1 农业、植物学和动物学领域

农业、植物学和动物学领域共遴选出10个热点前沿,比较遗憾的是,该领域没有前沿入选2016年新兴前沿的行列。美国在农业、植物学和动物学领域前沿的贡献度和引领度上整体表现突出。除了"食品检测中的高光谱成像技术"和"抗氧化肽的分离与表征"2个前沿,美国对8个前沿的核心论文均有所贡献,并在5个前沿,美国贡献的核心论文数和美国通讯作者核心论文数均排名第1(表13.1)。

虽然与美国略有差距,中国的表现却明显优于英国、德国、法国三国。中国在7个前沿中有论文入选核心论文簇,并且在6个前沿有中国署名通讯作者的核心论文,领跑"植物先天免疫机制"和"子

表13.1 农业、植物学和动物学领域10个前沿的核心论文中美国和中国的贡献度和引领度以及两国的卓越前沿对比

序号	前沿名称	贡献国家	总论文/篇	中国贡献 论文/篇	中国贡献 比例/%	中国贡献 排名	美国贡献 论文/篇	美国贡献 比例/%	美国贡献 排名	中国通讯作者 论文/篇	中国通讯作者 排名	美国通讯作者 论文/篇	美国通讯作者 排名	研究基础卓越 国家核心	研究基础卓越 机构核心	研究影响力卓越 国家被引	研究影响力卓越 机构被引	研究影响力卓越 作者被引	研究发展潜力卓越 国家施引	研究发展潜力卓越 机构施引	研究发展潜力卓越 作者施引
1	食品检测中的高光谱成像技术	10	40	12	30.0	2	/	/	/	8	2	/	/						★		
2	光合作用捕光蛋白复合物的结构与功能	14	30	/	/	/	4	13.3	5	/	/	2	7				○				
3	子囊菌和半知菌的分类学与系统发育学	46	46	24	52.2	3	13	28.3	6	14	1	1	6	★	★				★	★	
4	生鲜食品微生物污染的爆发与防控	14	23	/	/	/	9	39.1	1	/	/	5	1		○	○			○	○	
5	植物先天免疫机制	7	12	5	41.7	1	4	33.3	2	4	1	2	3	★		★		★			
6	抗氧化肽的分离与表征	6	13	6	46.2	1	/	/	/	4	2	/	/	★	★			★			
7	细菌Ⅵ型分泌系统的结构与调控	8	20	1	5.0	6	13	65.0	1	1	3	13	1								○
8	营养物质纳米乳递送系统	10	38	5	13.2	2	32	84.2	1	2	26	1									
9	田间高通量作物根系表型分析	11	30	1	3.3	7	16	53.3	1	/	/	15	1					○			
10	害虫天敌蝙蝠的白鼻综合征	17	13	/	/	/	12	92.3	1	/	/	10	1								

注:农业、植物学和动物学领域共遴选出10个前沿,序号1~10的为热点前沿,无新兴前沿,其中○表示该行对应前沿在该列指标上美国取得第1,★表示该行对应前沿在该列指标上中国取得第1。

囊菌和半知菌的分类学与系统发育学"2个研究前沿的发展，在4个前沿获得第2~3名，表现出与美国差距逐渐缩小的势头。

就具体前沿而言，在"生鲜食品微生物污染的爆发与防控""细菌Ⅵ型分泌系统的结构与调控""营养物质纳米乳递送系统""田间高通量作物根系表型分析"和"害虫天敌蝙蝠的白鼻综合征"5个研究前沿，美国贡献的核心论文数和美国通讯作者核心论文数均排名第1。可见美国在这5个研究前沿处于领跑的位置，表现了最强的前沿贡献度和前沿引领度。其中"营养物质纳米乳递送系统"研究前沿，中国贡献的核心论文数和中国署名通讯作者核心论文数均仅次于美国排在第2位，可见在该前沿中国处在与美国并跑的位置。在"细菌Ⅵ型分泌系统的结构与调控"和"田间高通量作物根系表型分析"两个研究前沿，中国贡献的核心论文分别排名第7和第6，说明在这两个前沿中国处在跟跑的位置。

在美国缺席核心论文贡献和署名通讯作者核心论文贡献的"抗氧化肽的分离与表征"和"食品检测中的高光谱成像技术"两个研究前沿，中国贡献的核心论文分别排名第1和第2，中国署名通讯作者的核心论文均排名第2，可见在这两个研究前沿中国也表现了较强的前沿贡献度和前沿引领度，处在并跑的位置。

从卓越前沿对比的视角来看，在"生鲜食品微生物污染的爆发与防控""细菌Ⅵ型分泌系统的结构与调控""营养物质纳米乳递送系统""田间高通量作物根系表型分析"和"害虫天敌蝙蝠的白鼻综合征"5个研究前沿，美国同时表现了研究基础卓越、研究影响力卓越和研究发展潜力卓越。中国则缺少三个方面都表现卓越的前沿，中国在"子囊菌和半知菌的分类学与系统发育学"前沿同时表现了研究基础卓越和研究发展潜力卓越。在"植物先天免疫机制"前沿中国同时表现了研究基础卓越和研究影响力卓越。在"抗氧化肽的分离与表征"前沿中国同时表现了研究影响力卓越和研究发展潜力卓越。

从农业、植物学和动物学领域整体来看，中国在前沿贡献度、前沿引领度指标以及卓越前沿视角对比上仅次于美国，但在个别前沿中国也有优于美国的表现取得了领跑位置。

13.2.2　生态与环境科学领域

生态与环境科学领域共遴选出10个热点前沿和2个新兴前沿。从研究前沿的核心论文来看，美国在生态与环境科学领域所有12个前沿均有所贡献，其中7个前沿美国贡献的核心论文数排名第1，6个前沿美国署名通讯作者核心论文数排名第1，另外，在3个前沿美国署名通讯作者核心论文数排名第2，表明美国在生态与环境科学领域前沿贡献度和前沿引领度的国际竞争中取得了一定优势（表13.2）。

除美国外，英国的前沿引领度最为突出，在5个前沿进入前3。中国在5个前沿中有论文入选核心论文簇，且仅在2个前沿有中国署名通讯作者的核心论文，分

表 13.2 生态与环境科学领域 12 个前沿的核心论文中美国和中国的贡献度和引领度以及两国的卓越前沿对比

序号	前沿名称	贡献国家	总论文/篇	中国贡献 论文/篇	中国贡献 比例/%	中国贡献 排名	美国贡献 论文/篇	美国贡献 比例/%	美国贡献 排名	中国通讯作者 论文/篇	中国通讯作者 排名	美国通讯作者 论文/篇	美国通讯作者 排名	研究基础卓越 国家核心	研究基础卓越 机构核心	研究影响力卓越 国家被引	研究影响力卓越 机构被引	研究影响力卓越 作者被引	研究发展潜力卓越 国家施引	研究发展潜力卓越 机构施引	研究发展潜力卓越 作者施引
1	海洋环境中的微塑料污染	27	43	/	/	/	14	32.6	2	/	/	10	2			○			○		
2	福岛核事故对环境的影响	30	20	/	/	/	6	30.0	2	/	/	5	2								
3	生态系统服务	19	41	/	/	/	15	36.6	1	/	/	9	1								
4	两栖类动物的传染性疾病：壶菌病的生态学研究	14	23	1	4.3	6	20	87.0	1	/	/	17	1								○
5	生物多样性丧失对生态系统功能和生态系统服务的影响	23	8	1	12.5	8	8	100	1	/	/	6	1						○		○
6	溴系阻燃剂对环境的影响及其替代者有机磷阻燃剂	14	27	4	14.8	2	15	55.6	1	3	2	14	1						○	★	○
7	全球性汞污染	19	22	3	13.6	2	21	95.5	1	/	/	18	1								★
8	β 多样性	7	9	/	/	/	4	44.4	1	/	/	2	2						○	★	
9	生态物种形成的遗传学和基因组学研究	13	33	/	/	/	20	60.6	1	/	/	14	1								
10	土壤和沉积物重金属污染	14	31	18	58.1	1	3	9.7	3	16	1	1	5	★	★	★	★	★	★		★
11	内吸性杀虫剂（新烟碱和氟虫腈）对非目标生物及环境的影响	13	7	/	/	/	3	42.9	6	/	/	/	/						○		○
12	水结构、离液性和亲液性：使用、滥用及其生物学意义	12	9	/	/	/	3	33.3	2	/	/	/	/						○		

注：生态与环境科学领域共遴选出 12 个前沿，序号 1~10 的为热点前沿，序号 11 和 12 为新兴前沿，其中 ○ 表示该行对应前沿在该列指标上美国取得第 1，★ 表示该行对应前沿在该列指标上中国取得第 1。

别排名第 1 和第 2。中国在"土壤和沉积物重金属污染"热点前沿的前沿贡献度和前沿引领度上均排名第 1。可见在生态与环境科学领域中国整体表现与美国差距不小，但在个别前沿也表现了较强的前沿贡献度和前沿引领度。

具体而言，在"生态系统服务""两栖类动物的传染性疾病：壶菌病的生态学研究""生物多样性丧失对生态系统功能和生态系统服务的影响""溴系阻燃剂对环境的影响及其替代者有机磷阻燃剂""全球性汞污染"和"生态物种形成的遗传学和基因组学研究"6 个热点前沿，美国贡献的核心论文数和美国署名通讯作者的核心论文数均排名第1，凭借最强的前沿贡献度和前沿引领度，当之无愧的领跑这6个研究前沿的发展。在这6个研究前沿中，中国在4个前沿贡献了核心论文。在"溴系阻燃剂对环境的影响及其替代者有机磷阻燃剂"热点前沿中国的表现仅次于美国，两项指标均排名第2，在该前沿取得了并跑的位置。在中国参与的其他3个前沿"两栖类动物的传染性疾病：壶菌病的生态学研究""生物多样性丧失对生态系统功能和生态系统服务的影响"和"全球性汞污染"中国贡献的核心论文分别排名第6、第8和第3，但没有中国署名通讯作者的核心论文。这说明中国在这3个热点前沿也表现了一定的前沿贡献度，但无法言及前沿引领度。"内吸性杀虫剂（新烟碱和氟虫腈）对非目标生物及环境的影响"和"水结构、离液性和亲液性：使用、滥用及其生物学意义"两个新兴前沿，中国均没有核心论文贡献，美国在这两个前沿各有3篇核心论文贡献，但均不是美国署名通讯作者。

从卓越前沿对比的视角来看，在"生态系统服务""两栖类动物的传染性疾病：壶菌病的生态学研究""生物多样性丧失对生态系统功能和生态系统服务的影响""溴系阻燃剂对环境的影响及其替代者有机磷阻燃剂""全球性汞污染"和"生态物种形成的遗传学和基因组学研究"6个前沿，美国同时表现了研究基础卓越、研究影响力卓越和研究发展潜力卓越。在"海洋环境中的微塑料污染""β多样性"和"水结构、离液性和亲液性：使用、滥用及其生物学意义"3个前沿美国同时表现了研究基础卓越和研究发展潜力卓越。中国则在"土壤和沉积物重金属污染"热点前沿同时表现了研究基础卓越、研究影响力卓越和研究发展潜力卓越。除此之外，中国仅在"溴系阻燃剂对环境的影响及其替代者有机磷阻燃剂""全球性汞污染"和"β多样性"3个前沿表现了研究发展潜力卓越。

从生态与环境科学领域整体来看，中国引领度覆盖的前沿范围明显小于美国，整体表现略逊色于美国和英国，与德国、日本和法国同处第二梯队，但也在个别前沿有出色表现。

13.2.3 地球科学领域

美国在地球科学领域12个前沿均有所贡献，在其中的10个前沿中，美国核心论文数与署名通讯作者论文数均排名第1，由于区域性问题的原因，"2011年东日本大地震同震滑动研究"热点前沿和"2012年夏洛特皇后群岛地震断层带研究"新兴前沿美国核心论文数与署名通讯作者论文数均排名第2（表13.3）。可见，美国在地球科学领域的前沿贡献度与前沿引领度的国际竞争中取得了绝对的优势。

从前沿贡献度和前沿引领度表现来看，中国与英国、德国、法国三国之间也有一定差距。中国在7个前沿中有论文入选核心论文簇，并且在5个前沿有中国署名通讯作者的核心论文，中国只在"气候系统模式研究"热点前沿处于并跑的位置，在其他有所贡献的前沿贡献的核心论文数和署名通讯作者的核心论文数均排在第5～11名之间，处在跟跑的位置。可

表13.3 地球科学领域12个前沿的核心论文中美国和中国的贡献度和引领度以及两国的卓越前沿对比

序号	前沿名称	贡献国家	总论文/篇	中国贡献 论文/篇	中国贡献 比例/%	中国贡献 排名	美国贡献 论文/篇	美国贡献 比例/%	美国贡献 排名	中国通讯作者 论文/篇	中国通讯作者 排名	美国通讯作者 论文/篇	美国通讯作者 排名	研究基础卓越 国家核心	研究基础卓越 机构核心	研究影响力卓越 国家被引	研究影响力卓越 机构被引	研究影响力卓越 作者被引	研究发展潜力卓越 国家施引	研究发展潜力卓越 机构施引	研究发展潜力卓越 作者施引
1	北极放大效应与中纬度极端天气的关系	12	40	3	7.5	5	28	70.0	1	2	5	21	1	○	○				○	○	
2	土壤碳循环对气候变化的响应	22	36	3	8.3	11	31	86.1	1	1	6	17	1	○	○				○	○	○
3	全球变暖突然趋缓（hiatus现象）	17	47	4	8.5	6	40	85.1	1	/	/	33	1	○	○				○	○	○
4	地球早期海洋的演化以及与之相关的生物进化	23	50	10	20.0	5	41	82.0	1	2	5	29	1	○	○				○	○	★
5	气候系统模式研究	12	31	3	9.7	7	15	48.4	1	3	2	12	1	○	○				○	○	★
6	高亚洲冰川质量变化研究	21	30	3	10.0	11	12	40.0	1	1	8	6	1	○	○				★	★	
7	下一代地震动衰减地面运动预测模型研究	8	22	/			18	81.8	1	/	/	18	1								
8	2011年东日本大地震同震滑动研究	5	22	/			11	50.0	2	/	/	7	2								○
9	内陆水域和海洋的碳循环	18	13	/			11	84.6	1	/	/	5	1	○					○		
10	末次间冰期气候变化研究	15	16	3	18.8	7	9	56.3	1	/	/	8	1								
11	2012年夏洛特皇后群岛地震断层带研究	3	8	/			2	25.0	2	/	/	2	2				○			○	
12	基于GEOTRACES等计划开展的北大西洋和南大洋痕量元素组成研究	10	11	/			9	81.8	1	/	/	5	1	○	○				○	○	

注：地球科学领域共遴选出12个前沿，序号1~10的为热点前沿，序号11和12的为新兴前沿，其中○表示该行对应前沿在该列指标上美国取得第1，★表示该行对应前沿在该列指标上中国取得第1。

见，从整体来看中国与美国在地球科学领域热点前沿的前沿贡献度和前沿引领度相比差距很大。

具体而言，中国在"气候系统模式研究"热点前沿贡献核心论文3篇，且均为中国署名通讯作者，也表现了较强的前沿贡献度和前沿引领度，处于并跑的位置。中国在"北极放大效应与中纬度极端天气的关系""土壤碳循环对气候变化的响应""地球早期海洋的演化以及与之相关的生物进化"和"高亚洲冰川质量变化研究"4个热点前沿中贡献的核心论文数排名和署名通讯作者的核心论文数排名均在5~11之间，均处于跟跑的位置，前沿贡献度和前沿引领度表现一般。而在"全球变暖突然趋缓（hiatus现象）"和"末次间冰期气候变化研究"热点前沿中国贡献的核心论文分别排名第 6 和第 7，但署名通讯作者的核心论文均为空白，表明在这 2 个热点前沿中国前沿贡献度表现一般，无法言及前沿引领度。

从卓越前沿对比的视角来看，在"北极放大效应与中纬度极端天气的关系"、"土壤碳循环对气候变化的响应""全球变暖突然趋缓（hiatus 现象）""地球早期海洋的演化以及与之相关的生物进化""气候系统模式研究""下一代地震动衰减地面运动预测模型研究"和"末次间冰期气候变化研究" 7 个前沿，美国同时表现了研究基础卓越、研究影响力卓越和研究发展潜力卓越。在"高亚洲冰川质量变化研究"前沿，美国同时表现了研究基础卓越和研究影响力卓越。在"2011 年东日本大地震同震滑动研究"和"2012 年夏洛特皇后群岛地震断层带研究" 2 个前沿美国同时表现了研究影响力卓越和研究发展潜力卓越。在"内陆水域和海洋的碳循环"和"基于 GEOTRACES 等计划开展的北大西洋和南大洋痕量元素组成研究" 2 个前沿美国同时表现了研究基础卓越和研究发展潜力卓越。中国则仅在"地球早期海洋的演化以及与之相关的生物进化""气候系统模式研究"和"高亚洲冰川质量变化研究" 3 个前沿表现了研究发展潜力卓越。

从地球科学领域整体来看，中国在前沿贡献度、前沿引领度指标以及卓越前沿对比方面，中国与美国、英国、德国、法国之间均存在差距，尤其与美国相比差距明显。同时，中国缺少在研究基础、研究影响力和研究发展潜力方面同时表现卓越的前沿。相信中国通过在该领域基础贡献方面的不断努力会逐渐缩小差距。

13.2.4 临床医学领域

临床医学领域共遴选出 10 个热点前沿和 21 个新兴前沿，该领域美国的表现最为突出（表 13.4）。美国在除"心房颤动患者脑卒中风险和抗凝治疗"前沿外，其他 30 个前沿均贡献了核心论文，前沿覆盖率达到了近 97%。在前沿贡献度方面，美国在临床医学领域的 30 个前沿均排名前 3，其中有 25 个前沿核心论文数排名第 1，并且引领度方面，美国在 23 个前沿排名第 1，5 个第 2，另外三个空缺。以上数据足以表明美国在临床医学领域的绝对优势。

从前沿贡献度和前沿引领度表现来看，中国不仅与美国差距明显，与英国、德国、法国三国之间也有一定差距。引领度方面，英国、德国和法国分别参与了 17、7 和 9 个前沿，这三个国家中，英国、德国和法国分别收获 14 个、6 个和 7 个前 3 名，英国略胜一筹。在贡献度方面，中国参与了 8 个前沿，引领度方面，中国仅在 4 个前沿有所表现，但在这 4 个前沿中，中国在 2 个前沿以核心论文和署名通讯作者的核心论文的双料冠军处于领跑位置，1 个前沿两项指标均排名第 3，处于并跑位置，另 1 项前沿处于跟跑位置。可见在临床医学领域中国整体表现与美国差距较大，但在个别前沿也表现了较强的前沿贡献度和前沿引领度。

表 13.4　临床医学领域 31 个前沿的核心论文中美国和中国的贡献度和引领度以及两国的卓越前沿对比

序号	前沿名称	贡献国家	总论文/篇	中国贡献 论文/篇	中国贡献 比例/%	中国贡献 排名	美国贡献 论文/篇	美国贡献 比例/%	美国贡献 排名	中国通讯作者 论文/篇	中国通讯作者 排名	美国通讯作者 论文/篇	美国通讯作者 排名	研究基础卓越 国家核心	研究基础卓越 机构核心	研究影响力卓越 国家被引	研究影响力卓越 机构被引	研究影响力卓越 作者被引	研究发展潜力卓越 国家施引	研究发展潜力卓越 机构施引	研究发展潜力卓越 作者施引
1	直接抗病毒药物（DAAs）治疗丙型肝炎	27	38	/	/	/	35	92.1	1	/	/	22	1								
2	埃博拉病毒病流行与治疗	25	40	2	5.0	11	31	77.5	1	1	5	23	1	○	○	○	○	○	○	○	○
3	麦胶肠病及非麦胶肠病性麦胶敏感	22	42	/	/	/	20	47.6	1	/	/	12	1			○					○
4	东南亚恶性疟疾青蒿素抗药机制	26	19	1	5.3	21	17	89.5	1	/	/	7	1			○			○		○
5	循环肿瘤 DNA 用于肿瘤获得性耐药监测	17	17	3	17.6	3	8	47.1	1	2	3	6	1			○			○		★
6	免疫检查点抑制剂抗 PD-1 抗体治疗恶性黑色素瘤	19	15	/	/	/	15	100.0	1	/	/	11	1								
7	PCSK9 单克隆抗体对高胆固醇血症患者 LDL 胆固醇影响	21	35	/	/	/	33	94.3	1	/	/	27	1	○	○	○			○		○
8	人感染 H7N9 禽流感病毒传播、流行及生物学特性	13	35	22	62.9	1	13	37.1	2	21	1	5	2	★	★		★	★	★	★	★
9	IL-17 单抗用于银屑病治疗	21	18	2	11.1	11	15	83.3	1	/	/	10	1								
10	全基因组测序用于监测耐药病原菌爆发	21	21	1	4.8	9	7	33.3	2	/	/	3	2								
11	PD-1 抑制剂治疗晚期非小细胞肺癌	14	4	/	/	/	4	100.0	1	/	/	4	1	○	○	○			○		★
12	院外心脏停搏治疗与结局	19	31	/	/	/	11	35.5	1	/	/	9	1								
13	儿童急性弛缓性脊髓炎与肠道病毒 D68 爆发相关	2	7	/	/	/	6	85.7	1	/	/	6	1								
14	无干扰素抗病毒疗法防治肝移植术后丙型肝炎复发	7	8	/	/	/	7	87.5	1	/	/	5	1								○
15	区域淋巴照射治疗早期乳腺癌	17	4	/	/	/	1	25.0	7	/	/	/	/							○	★

续表

序号	前沿名称	贡献国家/篇	总论文/篇	中国贡献			美国贡献			中国通讯作者		美国通讯作者		研究基础卓越		研究影响力卓越			研究发展潜力卓越		
				论文/篇	比例/%	排名	论文/篇	比例/%	排名	论文/篇	排名	论文/篇	排名	国家核心	机构核心	国家被引	机构被引	作者被引	国家施引	机构施引	作者施引
16	心房颤动抗凝治疗有效性	6	5	/	/	/	/	/	/	/	/	/	/								
17	长链非编码 RNA MALA T1 促进癌细胞的增殖和转移机制	3	12	11	91.7	1	2	16.7	2	10	1	2	2	★	○★	★	★	★	★	★	○★
18	绝经前乳腺癌患者辅助卵巢功能抑制	13	3	/	/	/	2	66.7	1	/	/	/	/								○
19	端粒基因突变与肺疾病	2	7	/	/	/	6	85.7	1	/	/	6	1								
20	埃博拉病毒病的传播与控制	9	6	/	/	/	5	83.3	1	/	/	5	1								
21	口服抗凝药的消化道出血风险	4	5	/	/	/	4	80.0	1	/	/	4	1								
22	13 价肺炎球菌疫苗（PCV13）防治侵袭性肺炎链球菌病	7	8	/	/	/	6	75.0	1	/	/	4	1								
23	LCZ696 与依那普利对心衰患者影响比较	39	2	1	50.0	5	2	100.0	1	/	/	2	1							○	
24	白细胞介素 -5 受体单抗治疗嗜酸性哮喘	13	6	/	/	/	6	100.0	1	/	/	4	1								
25	乳腺癌遗传性突变	9	6	/	/	/	6	100.0	1	/	/	5	1								
26	2 型糖尿病降糖治疗心血管事件风险控制	9	6	/	/	/	4	66.7	1	/	/	1	1								
27	GBCA 增强造影术后颅内钆沉积	11	6	/	/	/	1	16.7	3	/	/	1	2					○			
28	Sorafenib 和 lenvatinib 治疗难治性甲状腺癌	13	2	/	/	/	2	100.0	1	/	/	1	1								
29	皮质激素辅助治疗社区获得性肺炎	5	6	/	/	/	2	33.3	1	/	/	1	2						○		
30	卡铂新辅助化疗治疗三阴性乳腺癌	2	2	/	/	/	1	50.0	1	/	/	1	1		○				○	○	
31	配对活检揭示非酒精性脂肪肝疾病进展	4	4	/	/	/	1	25.0	1	/	/	1	1							○	○

注：临床医学领域共遴选出 31 个前沿，序号 1～10 的为热点前沿，序号 11～31 的为新兴前沿，其中○表示该行对应前沿在该列指标上美国取得第 1，★表示该行对应前沿在该列指标上中国取得第 1。

具体而言，中国在引领度有所表现的4个前沿中，"人感染H7N9禽流感病毒传播、流行及生物学特性"和"长链非编码RNA MALA T1促进癌细胞的增殖和转移机制"2个前沿中国贡献的核心论文和署名通讯作者的核心论文均排名第1，抢占了这2个前沿的领跑位置。而美国在这2个前沿这两项指标均排名第2，处于并跑位置。"循环肿瘤DNA用于肿瘤获得性耐药监测"前沿，中国贡献的核心论文和中国署名通讯作者的核心论文均排名第3，处于并跑位置，领跑位置被美国抢占。"埃博拉病毒病流行与治疗"前沿，中国署名通讯作者的核心论文排名第5，在前沿引领度上处在跟跑位置，领跑位置同样被美国抢占。在"东南亚恶性疟疾青蒿素抗药机制""IL-17单体用于银屑病治疗""全基因组测序用于监测耐药病原菌爆发"和"LCZ696与依那普利对心衰患者影响比较"4个前沿，中国均贡献了1~2篇核心论文，排名均在3名之后，并且都不是中国署名通讯作者，这4个前沿中国的前沿贡献度表现一般，更无法言及前沿引领度，而美国在这4前沿的引领度表现上取得了3个领跑和1个并跑的位置。

从卓越前沿对比的视角来看，在"埃博拉病毒病流行与治疗""麦胶肠病及非麦胶肠病性麦胶敏感""循环肿瘤DNA用于肿瘤获得性耐药监测""免疫检查点抑制剂抗PD-1抗体治疗恶性黑色毒瘤""PCSK9单克隆抗体对高胆固醇血症患者LDL胆固醇影响""PD-1抑制剂治疗晚期非小细胞肺癌""儿童急性弛缓性脊髓炎与肠道病毒D68爆发相关""无干扰素抗病毒疗法防治肝移植术后丙型肝炎复发""端粒基因突变与肺疾病""埃博拉病毒病的传播与控制""13价肺炎球菌疫苗（PCV13）防治侵袭性肺炎链球菌病""LCZ696与依那普利对心衰患者影响比较""白细胞介质与受体单抗治疗嗜酸性哮喘"和"Sorafenib和lenvatinib治疗难治性甲状腺癌"14个前沿，美国同时表现了研究基础卓越、研究影响力卓越和研究发展潜力卓越。在"东南亚恶性疟疾青蒿素抗药机制""长链非编码RNA MALA T1促进癌细胞的增殖和转移机制""口服抗凝药的消化道出血风险""卡铂新辅助化疗治疗三阴性乳腺癌"和"配对活检揭示非酒精性脂肪肝疾病进展"5个前沿美国同时表现了研究基础卓越和研究发展潜力卓越。中国则在"人感染H7N9禽流感病毒传播、流行及生物学特性"和"长链非编码RNA MALA T1促进癌细胞的增殖和转移机制"2个前沿同时表现了研究基础卓越、研究影响力卓越和研究发展潜力卓越。除此之外，中国仅在"循环肿瘤DNA用于肿瘤获得性耐药监测""程序性死亡1（PD-1）抑制剂对晚期非小细胞肺癌的治疗作用"和"乳腺癌术后区域淋巴结照射治疗的效果"3个前沿表现了研究发展潜力卓越。

从临床医学领域整体来看，中国贡献度和引领度覆盖的前沿范围只有8个和4个前沿，但在个别前沿也有出色表现。表明在该领域当前甚至很长一段时间中国将处在跟随阶段。相信通过科学家的不懈努力，中国在该领域会不断在更多的前沿有所贡献，并尽可能缩短跟随的时间，逐渐实现跟随到引领的角色转变。

13.2.5 生物科学领域

生物科学领域共遴选出 10 个热点前沿和 18 个新兴前沿（表 13.5）。美国在该领域的表现还是绝对的第一把交椅。在贡献度方面，美国的前沿覆盖率达到 100%，并在 28 个前沿中的 23 个前沿排名第 1，另外 5 个前沿也均排名在 2～3 位。在引领度方面，除"植物提取物和纳米粒子控制蚊虫害"和"自噬与凋亡的互作"2 个前沿美国没有署名通讯作者的核心论文贡献外，美国署名通讯作者的核心论文在 20 个前沿排名第 1，5 个前沿排名第 2，1 个前沿排名第 3。

在生物科学领域，中国在 13 个前沿有核心论文贡献，并在 6 个前沿贡献了署

表 13.5 生物科学领域 28 个前沿的核心论文中美国和中国的贡献度和引领度以及两国的卓越前沿对比

序号	前沿名称	贡献国家	总论文/篇	中国贡献 论文/篇	中国贡献 比例/%	中国贡献 排名	美国贡献 论文/篇	美国贡献 比例/%	美国贡献 排名	中国通讯作者 论文/篇	中国通讯作者 排名	美国通讯作者 论文/篇	美国通讯作者 排名	研究基础卓越 国家核心	研究基础卓越 机构核心	研究影响力卓越 国家被引	研究影响力卓越 机构被引	研究影响力卓越 作者被引	研究发展潜力卓越 国家施引	研究发展潜力卓越 机构施引	研究发展潜力卓越 作者施引
1	中东呼吸综合征冠状病毒的分离、鉴定与传播	27	47	8	17.0	6	22	46.8	1	6	3	10	2						○	★	
2	褪黑素在植物和人类中的生物学功能	11	37	10	27.0	2	26	70.3	1	8	1	8	1	○★	○★				★		
3	飞秒 X 射线激光在生物大分子的纳米晶体结构测定中的应用	13	23	/	/	/	17	73.9	2			10	1						○	○	
4	巨噬细胞起源、发育分化的分子机制	13	21	1	4.8	11	18	85.7	1			11	1								
5	阿尔茨海默病相关基因位点的关联分析	23	21	/	/	/	19	90.5	1			14	1		★		○★			★	
6	RNA 二级结构及腺嘌呤甲基化修饰	13	33	5	15.2	2	25	75.8	1	2	3	20	1						○		
7	广谱中和抗体与艾滋病疫苗设计	12	32	/	/	/	32	100	1			30	1								
8	PINK1/Parkin 介导的线粒体自噬分子机理研究	7	25				14	56.0	1			13	1								
9	T 细胞的分化、功能与代谢	12	39				38	97.4	1			33	1								
10	C9orf72 基因六核苷酸重复扩增引起的额颞叶痴呆和肌萎缩侧索硬化症	17	34	1	2.9	10	21	61.8	1			18	1								

续表

序号	前沿名称	贡献国家	总论文/篇	中国贡献			美国贡献			中国通讯作者		美国通讯作者		研究基础卓越		研究影响力卓越			研究发展潜力卓越		
				论文/篇	比例/%	排名	论文/篇	比例/%	排名	论文/篇	排名	论文/篇	排名	国家核心	机构核心	国家被引	机构被引	作者被引	国家施引	机构施引	作者施引
11	CRISPR RNA引导性核酸酶脱靶效应的全基因组检测	4	4	1	25.0	2	3	75.0	1	/	/	3	1	○	○	○	○	○	○	○	○
12	植物提取物和纳米粒子控制蚊虫害	11	12	1	8.3	5	3	25.0	3	/	/	/	/								
13	肥胖的全基因组关联研究	32	3	2	66.7	7	3	100	1	/	/	3	1	○	○	○	○	○	○	○	○
14	雷帕霉素靶蛋白复合体1（mTORC1）的激活	4	3	1	33.3	2	2	66.7	1	/	/	2	1	○	○	○	○	○	○	○	○
15	纳米孔测序	6	9	/	/	/	5	55.6	2	/	/	3	2			○	○				
16	树枝状大分子纳米载体用于肿瘤靶向给药和基因转移	3	4	/	/	/	3	75.0	1	/	/	1	2							○	
17	使用伪氨基酸组算法预测蛋白质的结构和功能	8	9	5	55.6	3	6	66.7	1	5	1	1	2	★	★	★	★	★	★	★	★
18	利用人类表型本体数据进行遗传疾病诊断	12	6	1	16.7	6	5	83.3	1	1	3	2	1	○				○			
19	2型先天淋巴样细胞调节米色脂肪的生物合成	4	5	/	/	/	5	100	1	/	/	5	1	○	○	○	○	○	○	○	○
20	癌症化疗中纳米载体的应用	5	5	/	/	/	1	20.0	2	/	/	1	2					★			
21	CRISPR-Cas9调控的基因组规模转录激活	2	2	/	/	/	2	100	1	/	/	2	1	○	○	○	○	○	○	○	○
22	自噬与凋亡的互作	4	2	/	/	/	1	50.0	1	/	/	/	/						★	★	○★
23	染色质环接原理及染色体域结构进化	3	2	/	/	/	1	50.0	1	/	/	1	1	○	○	○	○	○	○	○	○
24	肌动蛋白的组装及其网络平衡	2	4	/	/	/	3	75.0	1	/	/	3	1	○	○	○	○				○
25	荧光探针在细胞骨架活细胞成像中的应用	6	4	/	/	/	2	50.0	1	/	/	2	1	○	○	○	○	○	○	○	★
26	新型重组禽流感病毒（H5N8和H5N6）的鉴定及其特征	6	6	2	33.3	1	1	16.7	3	2	1	1	3	★		★		★	○		★
27	遗传结构和饮食对肠道菌群组成的影响	2	2	/	/	/	2	100	1	/	/	2	1	○	○	○	○	○	○	○	○
28	耳蜗毛细胞的再生及其基因表达	3	4	1	25.0	2	4	100	1	/	/	4	1	○	○	○	○	○	○	○	○

注：生物科学领域共遴选出28个前沿，序号1～10的为热点前沿，序号11～28的为新兴前沿，其中○表示该行对应前沿在该列指标上美国取得第1，★表示该行对应前沿在该列指标上中国取得第1。

名通讯作者的核心论文。中国的表现虽然与美国差距明显，但与其他各国相比，在引领度方面，在前沿覆盖率上略逊于英国、德国和法国，但在3个前沿抢占了领跑位置，从而在领跑前沿数上超过英国、德国、法国三国。可见在生物科学领域中国整体表现与美国差距不小，但在个别前沿也表现了较强的前沿贡献度和前沿引领度。

具体而言，在"新型重组禽流感病毒（H5N8和H5N6）的鉴定及其特征"前沿中国贡献了2篇署名通讯作者的核心论文，两项指标均排名第1，取得了该前沿的领跑位置，美国两项指标均排名第3。中国在"褪黑素在植物和人类中的生物学功能"热点前沿，中国贡献核心论文10篇，排名第2，其中8篇中国署名通讯作者，署名通讯作者核心论文与美国并列排名第1，共同领跑该前沿的发展。在"使用伪氨基酸组分算法预测蛋白质的结构和功能"前沿，中国贡献了5篇署名通讯作者的核心论文，署名通讯作者核心论文排名第1，美国贡献了6篇核心论文，但仅有1篇美国署名通讯作者。可见，该前沿在贡献度上中国略逊于美国，但在引领度上中国超越了美国，取得了引领度的领跑位置。在"中东呼吸综合征冠状病毒的分离、鉴定与传播""RNA二级结构及腺嘌呤甲基化修饰"和"利用人类表型本体数据进行遗传疾病诊断"3个前沿，中国在贡献度和引领度表现排名上也均在美国之后，但中国贡献的署名通讯作者的核心论文均排名第3，也表现了较强的前沿引领度。在"CRISPR RNA引导性核酸酶脱靶效应的全基因组检测"、"雷帕霉素靶蛋白复合体1（mTORC1）的激活"和"耳蜗毛细胞的再生及其基因表达"3个前沿，中国贡献的核心论文数均仅次于美国排名第2，表现了较强的前沿贡献度，但这3个前沿均没有中国署名通讯作者的核心论文。

从卓越前沿对比的视角来看，在"巨噬细胞起源、发育分化的分子机制""RNA二级结构及腺嘌呤甲基化修饰""广谱中和抗体与艾滋病疫苗设计""PINK1/Parkin介导的线粒体自噬分子机理研究""T细胞的分化、功能与代谢""C9orf72基因六核苷酸重复扩增引起的额颞叶痴呆症和肌萎缩侧索硬化症""CRISPR RNA引导性核酸酶脱靶效应的全基因组检测""肥胖的全基因组关联研究""雷帕霉素靶蛋白复合体1（mTORC1）的激活""2型先天淋巴样细胞调节米色脂肪的生物合成""CRISPR-Cas9调控的基因组规模转录激活""染色质环接原理及染色体域结构进化""荧光探针在细胞骨架活细胞成像中的应用""遗传结构和饮食对肠道菌群组成的影响"和"耳蜗毛细胞的再生及其基因表达"15个前沿，美国同时表现了研究基础卓越、研究影响力卓越和研究发展潜力卓越。在"纳米孔测序"前沿美国同时表现了研究影响力卓越和研究发展潜力卓越。在"飞秒X射线激光在生物大分子的纳米晶体结构测定中的应用""阿尔茨海默病相关基因位点的关联分析""利用人类表型本体数据进行遗传疾病诊断"和"肌动蛋白的组装及其网络平衡"4个前沿美国同时表现了研究基础卓越和研究发展潜力卓越。

中国则在"使用伪氨基酸组分算法预测蛋白质的结构和功能"和"新型重组禽流感病毒（H5N8和H5N6）的鉴定及其特征"2个前沿同时表现了研究基础卓越、研究影响力卓越和研究发展潜力卓越。在"褪黑素在植物和人类中的生物学功能"前沿中国同时表现了研究基础卓越和研究发展潜力卓越。在"阿尔茨海默病相关基因位点的关联分析"前沿表现了研究影响力卓越和研究发展潜力卓越。除此之外，中国仅在"中东呼吸综合征冠状病毒的分离、鉴定与传播""癌症化疗中纳米载体的应用""自噬与凋亡的互作"和"荧光探针在细胞骨架活细胞成像中的应用"4个前沿表现了研究发展潜力卓越。

从生物科学领域整体来看，无论在前沿覆盖范围方面，抢占的领跑前沿数上，还是在研究基础、研究影响力和研究发展潜力同时表现卓越前沿数上，中国与美国均存在较大差距，但中国也在个别前沿有不错的表现。这表明在该领域当前甚至很长一段时间中国将处在跟随阶段，期待中国在该领域中不断有更多的前沿取得并跑和领跑的位置。

13.2.6 化学与材料科学领域

化学与材料科学领域共遴选出32个前沿，10个热点前沿和22个新兴前沿，在10个领域中遴选出的前沿数量最多（表13.6）。化学与材料科学领域是中国在各项指标上均超过美国的领域，也是两国竞争最为激烈的领域。在前沿贡献度方面，中国的表现略超美国，中国入选核心论文的23个前沿，11个第1，22个进入前3，美国则在22个前沿贡献了核心论文，10个第1，20个进入前3。在前沿引领度方面，中国的表现同样略超美国，中国入选通讯作者核心论文的22个前沿，21个进入前3，美国则是19个前沿都位于前3名，美国和中国都得到12个第1名。从化学与材料科学领域整体来看，中国的表现略胜美国，但优势不是十分明显。中美两国在该领域以较大的优势领先于英国、德国、法国和日本，形成了第一梯队。

具体而言，在10个热点前沿中美两国竞争比较激烈，在前沿贡献度和前沿引领度方面，中美两国全面覆盖了10个热点前沿。中国领跑的4个热点前沿分别为"基于非富勒烯受体的有机太阳能电池""三氟甲硫基化反应""半导体/石墨烯纳米复合物光催化剂"和"白光LED用荧光粉"。在这4个热点前沿中国贡献的核心论文份额均在50%左右，个别前沿甚至达到90%以上。可见，这4个热点前沿中国表现了最强的前沿贡献度和前沿引领度，不愧为中国的优势前沿。这4个热点前沿美国贡献的核心论文排名在2～4位之间，美国署名通讯作者的核心论文数均排在2～3名，处在并跑的位置。

在美国领跑的"摩擦纳米发电机""非贵金属电解水纳米催化剂""金催化的有

表 13.6 化学与材料科学领域 32 个前沿的核心论文中美国和中国的贡献度和引领度以及两国的卓越前沿对比

序号	前沿名称	贡献国家	总论文/篇	中国贡献 论文/篇	中国贡献 比例/%	中国贡献 排名	美国贡献 论文/篇	美国贡献 比例/%	美国贡献 排名	中国通讯作者 论文/篇	中国通讯作者 排名	美国通讯作者 论文/篇	美国通讯作者 排名	研究基础卓越 国家核心	研究基础卓越 机构核心	研究影响力卓越 国家被引	研究影响力卓越 机构被引	研究影响力卓越 作者被引	研究发展潜力卓越 国家施引	研究发展潜力卓越 机构施引	研究发展潜力卓越 作者施引
1	基于非富勒烯受体的有机太阳能电池	12	41	19	46.3	1	17	41.5	2	18	1	12	2	★	★	★	★	○	★	★	★
2	三氟甲硫基化反应	8	47	20	42.6	1	10	21.3	2	20	1	8	2	★	★	★	★	○	★	★	★
3	摩擦纳米发电机	7	43	37	86.0	2	38	88.4	1	11	2	30	1	○	○	○	○		★	○	★
4	非贵金属电解水纳米催化剂	5	26	11	42.3	2	13	50.0	1	10	2	13	1						○	★	★
5	金催化的有机合成	7	23	5	21.7	2	7	30.4	1	5	2	7	1						★	★	
6	高效钙钛矿型太阳能电池	13	30	1	3.3	8	4	13.3	4	1	6	4	3							★	★
7	半导体/石墨烯纳米复合物光催化剂	3	21	20	95.2	1	1	4.8	2	19	1	1	1	★	★	★	★	★	★	★	★
8	白光 LED 用荧光粉	12	44	26	59.1	1	5	11.4	4	22	1	8	3	★	★	★	★	○	★	★	★
9	石墨烯过滤膜	10	22	8	36.4	2	10	45.5	1	5	2	9	1	★		★			★	★	★
10	钠离子电池	4	4	1	25.0	2	2	50.0	1	1	2	2	1	○★					★	★	★
11	具有大载流子扩散长度的有机铅卤化物钙钛矿单晶	3	2	/	/	/	2	100	1	/	/	1	1	○	○	○	○		○	○	○
12	有机铅卤化物钙钛矿材料在潮湿环境下的分解	10	7	/	/	/	1	14.3	2	/	/	1	1								
13	钙钛矿型发光二极管	7	7	1	14.3	2	1	14.3	2	1	1	1	1								
14	碳量子点荧光材料	3	3	2	66.7	1	/	/	/	2	1	/	/	★					★	★	
15	具有电磁波吸收性能的核壳结构材料	2	12	12	100	1	/	/	/	12	1	/	/	★	★	★	★	★	★	★	★
16	邻亚甲基苯醌的不对称有机催化反应	3	8	3	37.5	2	1	12.5	3	3	2	1	3	○	○				○	★	★
17	钙钛矿型有机铅卤化物光电探测器	4	6	/	/	/	4	66.7	1	/	/	3	1	○	○				○	○	○
18	镍催化芳基醚碳氧键活化反应	2	6																			
19	光活化的不对称催化反应	4	5	1	20.0	3	1	20.0	3	/	/	1	3	○	○				★	★	
20	镧系金属有机框架化合物用于荧光温度传感	5	6	4	66.7	1	3	50.0	2	4	1	/	/	★	★	★	★	★	★	★	★
21	非水体系锂氧电池中过氧化锂的生成机理	5	3	/	/	/	1	33.3	1	/	/	1	1	○	○				○	★	○★

续表

序号	前沿名称	贡献国家	总论文/篇	中国贡献			美国贡献			中国通讯作者		美国通讯作者		研究基础卓越		研究影响力卓越			研究发展潜力卓越		
				论文/篇	比例/%	排名	论文/篇	比例/%	排名	论文/篇	排名	论文/篇	排名	国家核心	机构核心	国家被引	机构被引	作者被引	国家施引	机构施引	作者施引
22	高效单结聚合物太阳能电池	4	5	4	80.0	1	2	40.0	2	4	1	/	/	★	★	★	★	★	★	★	★
23	钙钛矿型太阳能电池光电转换机理研究	10	12	2	16.7	3	4	33.3	1	1	3	3	1						○		
24	二维过渡金属硫族化合物纳米材料	3	5	4	80.0	2	/	/	/	1	2	/	/						★	★	
25	纳米二氧化锰超级电容器电极材料	4	9	8	88.9	1	/	/	/	8	1	/	/	★	★				★	★	★
26	钠离子电池	2	2	/	/	/	/	/	/	/	/	/	/						★	★	★
27	基于柱芳烃的超分子聚合物	1	4	4	100	/	/	/	/	/	/	/	/	★	★	★	★	★	★	★	★
28	过渡金属催化的杂芳烃交叉偶联反应	2	2	/	/	/	/	/	/	/	/	/	/								
29	用于染料敏化太阳能电池的新型卟啉染料	3	2	/	/	/	/	/	/	/	/	/	/						★	★	
30	纳米颗粒的细胞生物学效应	3	4	/	/	/	/	/	/	/	/	/	/								
31	三价铑催化的芳烃碳氢键活化反应	3	4	3	75.0	1	1	25.0	2	3	1	/	/	★	★	★	★		★	★	★
32	高性能锂硫电池	2	4	1	25.0	2	3	75.0	1	1	2	3	1	○	○	○	○	○	★○	○	○

注：化学与材料科学领域共遴选出32个前沿，序号1~10的为热点前沿，序号11~32的为新兴前沿，其中○表示该行对应前沿在该列指标上美国取得第1，★表示该行对应前沿在该列指标上中国取得第1。

机合成""石墨烯过滤膜"和"钠离子电池"5个热点前沿，中国贡献的核心论文和署名通讯作者的核心论文均排名第2，在这5个热点前沿中也表现了很强的前沿贡献度和前沿引领度而处在并跑的位置。

在该领域的22个新兴前沿，中美在前沿贡献度和前沿引领度方面依然竞争激烈，但竞争的特点与在热点前沿中略有差别，在热点前沿中涉及的所有10个热点前沿均逐一存在竞争关系，但在新兴前沿中，有些新兴前沿内中美两国贡献存在交差性，仅在8个新兴前沿中两国同时贡献了核心论文，进行了正面的交锋。"镍催化芳基醚碳氧键活化反应""钠离子电池""过渡金属催化的杂芳烃交叉偶联反应""用于染料敏化太阳能电池的新型卟啉染料"和"纳米颗粒的细胞生物学效应"5个前沿中国和美国均没有贡献核心论文。希望中美两国能尽快弥补各自的空白前沿，在更多的前沿展开竞争，不断提高前沿贡献度和引领度表现的覆盖范围。

从卓越前沿对比的视角来看，中国的表现依然优于美国。在"摩擦纳米发电机""具有大载流子扩散长度的有机铅卤化物钙钛矿单晶""有机铅卤化物钙钛矿材料在潮湿环境下的分解""钙钛矿型有机铅卤化物光电探测器"和"高性能锂硫电池"5个前沿，美国同时表现了研究基础卓越、研究影响力卓越和研究发展潜力卓越。在"非贵金属电解水纳米催化剂""金催化的有机合成""石墨烯过滤膜""钠离子电池"和"光活化的不对称催化反应"5个前沿，美国同时表现了研究基础卓越和研究影响力卓越。在"非水体系锂氧电池中过氧化锂的生成机理"和"钙钛矿型太阳能电池光电转换机理研究"2个前沿美国同时表现了研究基础卓越和研究发展潜力卓越。中国则在"基于非富勒烯受体的有机太阳能电池""三氟甲硫基化反应""半导体/石墨烯纳米复合物光催化剂""白光LED用荧光粉""具有电磁波吸收性能的核壳结构材料""镧系金属有机框架化合物用于荧光温度传感""高效单结聚合物太阳能电池""纳米二氧化锰超级电容器电极材料""基于柱芳烃的超分子聚合物"和"三价铑催化的芳烃碳氢键活化反应"10个前沿同时表现了研究基础卓越、研究影响力卓越和研究发展潜力卓越。在"非贵金属电解水纳米催化剂""石墨烯过滤膜""钠离子电池"和"碳量子点荧光材料"4个前沿中国同时表现了研究基础卓越和研究发展潜力卓越。

从化学与材料科学领域整体来看，无论在前沿覆盖范围方面，前沿贡献度、前沿引领度指标上，还是在研究基础、研究影响力和研究发展潜力同时表现卓越的前沿数上，中国均超越美国，但中国也有表现空白的前沿。这表明在该领域中国应在保持优势前沿的基础上不断加大有所表现的前沿覆盖率，进一步确立和巩固中国在该领域的领先优势。

13.2.7 物理学领域

物理科学领域共遴选出20个前沿，10个热点前沿和10个新兴前沿（表13.7）。美国在物理科学领域前沿贡献度和前沿引领度的国际竞争具中表现突出，优势较大。在前沿贡献度方面，美国在19个前沿贡献了核心论文，核心论文排名在16个前沿进入前3，并在15个前沿排名第1，中国则入选核心论文的13个前沿，5个前3，1个第1。在前沿引领度方面，美国同样表现出了绝对优势，美国入选通讯作者核心论文的18个前沿，17个进入前3，11个排名第1，中国则在8个前沿有署名通讯作者的核心论文，7个前3，1个第1。可见，中美差距非常明显。该领域除了美国表现最佳以外，德国、英国也有不错表现，在前沿引领度方面，德国表现更为突出，第1的前沿数达到4个，从进入前3名的前沿数来看，中国达到7个，与英国和德国相当。

具体而言，"自旋轨道耦合超冷原子体系"是中国在物理领域表现最突出的前

表 13.7 物理学领域 20 个前沿的核心论文中美国和中国的贡献度和引领度以及两国的卓越前沿对比

序号	前沿名称	贡献国家	总论文/篇	中国贡献			美国贡献			中国通讯作者		美国通讯作者		研究基础卓越		研究影响力卓越			研究发展潜力卓越		
				论文/篇	比例/%	排名	论文/篇	比例/%	排名	论文/篇	排名	论文/篇	排名	国家核心	机构核心	国家被引	机构被引	作者被引	国家施引	机构施引	作者施引
1	暗物质间接探测之银河系中心伽马射线超出研究	22	49	4	8.2	4	33	67.3	1	3	3	25	1	○	○	○	○	○	○	○	○
2	单层/多层黑磷的特性及其应用	7	25	6	24.0	2	17	68.0	1	3	3	16	1	○	○	○	○	★	★		
3	外尔半金属的特性研究和实验实现	12	43	20	46.5	2	29	67.4	1	13	2	20	1	○	○	○	★	★	○	★	○
4	钇钡铜氧化物超导体的赝能隙态研究	14	34	1	2.9	10	20	58.8	1	/	/	14	1	○	○	○	○				
5	双星系统的动力学演化和引力波探测	26	26	3	11.5	14	17	65.4	1	/	/	12	1								
6	基于希格斯耦合的标准模型研究	16	36	1	2.8	12	8	22.2	5	/	/	5	2						○		
7	自驱动粒子的集群运动研究	8	33	/	/	/	16	48.5	1	/	/	9	1	○		○			○		○
8	非线性有质量引力	10	30	/	/	/	15	50.0	1	/	/	9	1						○		○
9	超表面（metasurfaces）特性研究及超表面器件设计	10	22	6	27.3	2	15	68.2	1	1	4	14	1	○	○	○	○	★	○		★
10	基于混合角 θ13 最新结果的中微子振荡研究	17	18	3	16.7	13	13	72.2	1	3	3	4	2			★	★	○	★		
11	高级激光干涉引力波天文台及其相关工具和模拟方法	19	4	1	25.0	9	3	75.0	1	/	/	2	1						○		
12	挠率牛顿-嘉当几何	8	10	1	10.0	4	6	60.0	1	/	/	6	1						○		
13	周期驱动量子体系的特性研究	6	7	/	/	/	3	42.9	1	/	/	3	1						○		
14	二硫化钼和二硒化钨的谷电子学研究	5	5	2	40.0	2	4	80.0	1	1	2	3	1	○★							
15	AdS（5）xS（5）超弦的可积性研究	10	10	/	/	/	1	10.0	6	/	/	1	4								
16	基于 2013 年普朗克卫星数据的宇宙暴胀模型研究	10	8	/	/	/	1	12.5	7	/	/	1	3								
17	硒化铁超导体的向列性研究	8	8	1	12.5	4	2	25.0	3	1	3	1	3						○		
18	新软引力子定理研究	7	14	/	/	/	8	57.1	1	/	/	/	/								
19	分数陈绝缘体的实验实现	5	2	/	/	/	/	/	/	/	/	/	/						○		★
20	自旋轨道耦合超冷原子体系	5	2	1	50.0	1	1	50.0	1	1	1	/	/	★	○				★	★	○

注：物理学领域共遴选出 20 个前沿，序号 1～10 的为热点前沿，序号 11～20 的为新兴前沿，其中○表示该行对应前沿在该列指标上美国取得第 1，★表示该行对应前沿在该列指标上中国取得第 1。

沿，中国在该前沿的两项指标均排名第1，也是中国在该领域唯一抢占了领跑位置的前沿，表现了最强的前沿贡献度和前沿引领度。在该前沿，美国贡献的核心论文数量与中国并列第1，但没有美国署名通讯作者的核心论文。

"暗物质间接探测之银河系中心伽马射线超出研究""单层/多层黑磷的特性及其应用""外尔半金属的特性研究和实验实现""二硫化钼和二硒化钨的谷电子学研究"和"硒化铁超导体的向列性研究"5个热点前沿中国也均贡献了份额较多的核心论文，而且署名通讯作者的核心论文均排在2~3名，表现了较强的前沿贡献度和前沿引领度，在这5个前沿基本处于并跑的位置。

从卓越前沿对比的视角来看，在"暗物质间接探测之银河系中心伽马射线超出研究""外尔半金属的特性研究和实验实现""钇钡铜氧化物超导体的赝能隙态研究""双星系统的动力学演化和引力波探测""超表面（metasurfaces）特性研究及超表面器件设计""挠率牛顿-嘉当几何""周期驱动量子体系的特性研究"和"二硫化钼和二硒化钨的谷电子学研究"8个前沿，美国同时表现了研究基础卓越、研究影响力卓越和研究发展潜力卓越。在"单层/多层黑磷的特性及其应用"和"自驱动粒子的集群运动研究"2个前沿，美国同时表现了研究基础卓越和研究影响力卓越。在"非线性有质量引力"和"高级激光干涉引力波天文台及其相关工具和模拟方法"2个前沿美国同时表现了研究基础卓越和研究发展潜力卓越。

中国在物理领域没有同时表现为研究基础卓越、研究影响力卓越和研究发展潜力卓越的前沿。在"自旋轨道耦合超冷原子体系"前沿中国同时表现了研究基础卓越和研究发展潜力卓越。在"单层/多层黑磷的特性及其应用""外尔半金属的特性研究和实验实现"和"基于混合角θ13最新结果的中微子振荡研究"3个前沿中国同时表现了研究影响力卓越和研究发展潜力卓越。

从物理学领域整体来看，在前沿贡献度和前沿引领度的较量中，无论是在前沿覆盖面还是领跑前沿的数量上，美国都具有较大的优势。在卓越前沿竞争中，美国同样占据了较大优势。中国在认清差距的同时，应该在已经取得并跑位置的前沿加大工作力度，并进一步扩大前沿覆盖面，争取在更多的前沿有所贡献，并力争研究基础、研究影响力和研究发展潜力均表现卓越的前沿。

13.2.8 天文学与天体物理领域

美国在所有12个前沿均有所贡献，并且在12个前沿核心论文数排名均为第1（表13.8）。在12个前沿署名通讯作者论文排名中，美国在10个前沿排名第1，另外在"基于'普朗克'（Planck）卫星等对宇宙微波背景辐射的探测"前沿排名第2，在"'罗塞塔'（Rosetta）探测器对彗星67P/丘留莫夫-格拉西缅科的观测研究"前沿排名第4。以上数据足以表明

表 13.8 天文学与天体物理领域 12 个前沿的核心论文中美国和中国的贡献度和引领度以及两国的卓越前沿对比

序号	前沿名称	贡献国家	总论文/篇	中国贡献 论文/篇	中国贡献 比例/%	中国贡献 排名	美国贡献 论文/篇	美国贡献 比例/%	美国贡献 排名	中国通讯作者 论文/篇	中国通讯作者 排名	美国通讯作者 论文/篇	美国通讯作者 排名	研究基础卓越 国家核心	研究基础卓越 机构核心	研究影响力卓越 国家被引	研究影响力卓越 机构被引	研究影响力卓越 作者被引	研究发展潜力卓越 国家施引	研究发展潜力卓越 机构施引	研究发展潜力卓越 作者施引
1	基于"普朗克"(Planck)卫星等对宇宙微波背景辐射的探测	31	42	2	4.8	22	40	95.2	1	/	/	12	2						○		
2	暗物质和星系形成及演化研究	16	35	2	5.7	12	26	74.3	1	/	/	19	1	○	○	○	○	○	○		○
3	基于"开普勒空间望远镜"(Kepler)开展系外行星搜寻及性质研究	18	24	/	/	/	22	91.7	1	/	/	22	1	○	○	○	○	○	○	○	
4	利用"哈勃空间望远镜"(HST)研究高红移值星系的性质	17	26	2	7.7	10	25	96.2	1	/	/	17	1	○	○	○	○	○	○	○	
5	系外行星的形成、演化和直接成像研究	10	17	/	/	/	14	82.4	1	/	/	8	1	○	○	○	○	○	○	○	
6	基于太阳观测卫星数据(Solar-B、SDO、IRIS、STEREO等)对太阳大气和磁场的研究	14	24	/	/	/	21	87.5	1	/	/	17	1	○	○	○	○	○	○	○	★
7	超新星及其对应前身星性质研究	15	28	3	10.7	5	13	46.4	1	/	/	12	1	○	○	○	○	○	○	○	○
8	中子星和核物质对称能研究	26	25	5	20.0	5	21	84.0	1	/	/	14	1	○	○	○	○	○	○	○	★
9	基于"郭守敬望远镜"(LAMOST)、"日内瓦-哥本哈根巡天"(GCS)、"斯隆数字巡天"(SDSS)等观测对星系结构、成分和演化的研究	19	18	6	33.3	3	12	66.7	1	5	2	6	1	○	★	○	○	○	○	★	★
10	基于"斯隆数字巡天"(SDSS)等多项巡天项目的重子声学振荡相关研究	14	7	1	14.3	9	7	100.0	1	/	/	3	1	○	○	○	○	○	○	★	★
11	"罗塞塔"(Rosetta)探测器对彗星67P/丘留莫夫-格拉西缅科的观测研究	18	15	1	6.7	15	14	93.3	1	/	/	1	4								
12	恒星、星系形成理论与观测研究	12	4	1	25.0	4	4	100	1	/	/	2	1						○		

注：天文学与天体物理领域共遴选出 12 个前沿，序号 1～10 的为热点前沿，序号 11 和 12 的为新兴前沿，其中○表示该行对应前沿在该列指标上美国取得第 1，★表示该行对应前沿在该列指标上中国取得第 1。

美国在天文学与天体物理领域前沿阵地贡献度与引领度的国际竞争中的绝对优势。

中国在该领域的表现不仅相对于其他5国是最弱的，相对于中国的其他领域也相对较弱。在12个前沿中，中国在9个前沿贡献了核心论文，其中仅在"基于'郭守敬望远镜'（LAMOST）、'日内瓦-哥本哈根巡天'（GCS）、'斯隆数字巡天'（SDSS）等观测对星系结构、成分和演化的研究"前沿贡献6篇核心论文，排名第3，其中5篇为中国署名通讯作者，通讯作者核心论文排名第2，表明该前沿中国表现了较强的前沿贡献度和前沿引领度，处于并跑的位置。该前沿也是中国在该领域两项指标均非空白的唯一前沿。其他中国参与的前沿核心论文排名均在3名以后，并且均没有中国署名通讯作者的核心论文。这表明，这8个前沿的前沿贡献度中国表现一般，且无法言及前沿引领度。

从卓越前沿对比的视角来看，在"暗物质和星系形成及演化研究""基于'开普勒空间望远镜'（Kepler）开展系外行星搜寻及性质研究""利用'哈勃空间望远镜'（HST）研究高红移值星系的性质""系外行星的形成、演化和直接成像研究""基于太阳观测卫星数据（Solar-B、SDO、IRIS、STEREO等）对太阳大气和磁场的研究""超新星及其对应前身星性质研究""中子星和核物质对称能研究""基于'郭守敬望远镜'（LAMOST）、'日内瓦-哥本哈根巡天'（GCS）、'斯隆数字巡天'（SDSS）等观测对星系结构、成分和演化的研究""基于'斯隆数字巡天'（SDSS）等多项巡天项目的重子声学振荡相关研究"和"恒星、星系形成理论与观测研究"10个前沿，美国同时表现了研究基础卓越、研究影响力卓越和研究发展潜力卓越。

中国在天文学与天体物理领域没有同时表现为研究基础卓越、研究影响力卓越和研究发展潜力卓越的前沿。中国则在"基于'郭守敬望远镜'（LAMOST）、'日内瓦-哥本哈根巡天'（GCS）、'斯隆数字巡天'（SDSS）等观测对星系结构、成分和演化的研究"前沿同时表现了研究基础卓越和研究影响力卓越。同时在"基于太阳观测卫星数据（Solar-B、SDO、IRIS、STEREO等）对太阳大气和磁场的研究""中子星和核物质对称能研究"和"基于'斯隆数字巡天'（SDSS）等多项巡天项目的重子声学振荡相关研究"3个前沿仅表现了研究发展潜力卓越。

从天文学与天体物理领域整体来看，美国以压倒性的优势抢占了近90%前沿的领跑位置。中国有所表现的前沿覆盖率较低，仅在个别前沿表现了研究发展潜力卓越。种种迹象表明，中国在天文学与天体物理领域如果实现中美差距的缩小需要更长的时间和更多的努力。

13.2.9 数学、计算机科学与工程领域

在数学、计算机科学与工程领域共遴选出13个前沿，10个热点前沿，3个新兴前沿（表13.9）。该领域是在前沿贡

献度和前沿引领度以及卓越前沿的国际竞争中，中国各项指标均超过美国，中国优势明显的又一个领域。在前沿贡献度方面，中国的表现略超美国，中国入选核心论文的12个前沿，5个第1，9个进入前3，美国则在11个前沿贡献了核心论文，3个第1，9个进入前3。在前沿引领度方面，中国的表现同样略超美国，中国入选通讯作者核心论文的11个前沿，7个第1，10个进入前3，美国则是在9个前沿有署名通讯作者的核心论文入选，8个前3，但没有排名第1的前沿。可见，中国在数学、计算机科学与工程领域在遴选出的前沿中抢占了一半以上前沿的领跑位置，表现出一定的优势。中美两国在该领域以较大的优势领先于英国、德国、法国和日本，形成了第一梯队。

具体而言，中国领跑的7个前沿分别为"犹豫模糊集理论及其在决策中的应用""构形设计和传热分析""电动汽车用锂离子电池的充电状态估计和老化机制""应用纳米零价铁（ZVI）处理地下水和废水""基于临床应用的磁共振脑成像算法优化""关于Keller-Segel趋化方程的研究"和"物联网、云制造及其相关信息服务技术"。这7个前沿中的前5个前沿，中国贡献的核心论文和署名通讯作者的核心论文均排名第1，表现了最强的前沿贡献度和前沿引领度，7个前沿中的后2个，中国同样以署名通讯作者核心论文排名第1处于领跑位置，这2个前沿中国贡献的核心论文数均排名第2，也表现出了较强的前沿贡献度。中国除了领跑7个

前沿的发展外，还在3个前沿中处于并跑位置。美国则在8个前沿以署名通讯作者的核心论文排名在2~3位，取得了8个前沿的并跑位置。

从卓越前沿对比的视角来看，美国在数学、计算机科学和工程领域没有同时表现为研究基础卓越、研究影响力卓越和研究发展潜力卓越的前沿。美国在"物联网、云制造及其相关信息服务技术"前沿同时表现了研究基础卓越和研究影响力卓越。在"生物启发式算法及其优化"前沿美国同时表现了研究影响力卓越和研究发展潜力卓越。中国在数学、计算机科学和工程领域卓越前沿的表现同样优于美国，中国在"犹豫模糊集理论及其在决策中的应用""构形设计和传热分析""物联网、云制造及其相关信息服务技术""电动汽车用锂离子电池的充电状态估计和老化机制""应用纳米零价铁（ZVI）处理地下水和废水"和"基于临床应用的磁共振脑成像算法优化"6个前沿同时表现了研究基础卓越、研究影响力卓越和研究发展潜力卓越。在"关于Keller-Segel趋化方程的研究"前沿中国同时表现了研究基础卓越和研究发展潜力卓越。

从数学、计算机科学与工程领域的整体来看，在遴选出的前沿中，在贡献度和引领度的表现方面中国的前沿覆盖范围达到了近90%，并在卓越前沿的国际竞争中取得了较大优势，在该领域遴选出的前沿中近一半同时取得了研究基础、研究影响力和研究发展潜力卓越的位置，逐渐拉大了中国在该领域领先美国的优势。

表 13.9 数学、计算机科学与工程领域 13 个前沿的核心论文中美国和中国的贡献度和引领度以及两国的卓越前沿对比

序号	前沿名称	贡献国家	总论文/篇	中国贡献			美国贡献			中国通讯作者		美国通讯作者		研究基础卓越		研究影响力卓越			研究发展潜力卓越		
				论文/篇	比例/%	排名	论文/篇	比例/%	排名	论文/篇	排名	论文/篇	排名	国家核心	机构核心	国家被引	机构被引	作者被引	国家施引	机构施引	作者施引
1	犹豫模糊集理论及其在决策中的应用	6	42	37	88.1	1	/	/	/	35	1	/	/	★	★	★	★		★	★	★
2	构形设计和传热分析	10	33	16	48.5	1	8	24.2	3	15	1	3	3	★		★	★	★	★	★	
3	关于 Keller-Segel 趋化方程的研究	11	39	16	41.0	2	2	5.1	6	14	1	1	7	★					★	★	
4	几类偏微分方程的求解	9	24	4	16.7	3	1	4.2	6	3	2								★		
5	物联网、云制造及其相关信息服务技术	8	38	28	73.7	2	29	76.3	1	20	1	13	2	★	○	★	○	○		○	★
6	多输入多输出（MIMO）系统的研究与设计	8	19	1	5.3	6	12	63.2	1	/		6	2				○				★
7	测量设备无关型量子密钥分配研究	18	18	3	16.7	6	4	22.2	2	3	2	1							★	★	★
8	电动汽车用锂离子电池的充电状态估计和老化机制	10	41	18	43.9	1	17	41.5	2	16	1	10	2	★	★		★		★	★	★
9	应用纳米零价铁（ZVI）处理地下水和废水	13	19	8	42.1	1	4	21.1	2	7	1	2	2						★	★	
10	生物启发式算法及其优化	11	37	4	10.8	5	10	27.0	3	3	6	7	2			○			★		○
11	基于临床应用的磁共振脑成像算法优化	4	13	9	69.2	1	9	69.2	1	9	1	3		★	★	★	★	○	★	★	
12	混合动力电动客车的能量管理策略	4	7	3	42.9	2	3	42.9	2	1	2	1	2						★	★	
13	城市热岛的缓解	2	8	/	/		/	/		/		/									

注：数学、计算机科学与工程领域共遴选出 13 个前沿，序号 1～10 为热点前沿，序号 11～13 的为新兴前沿，其中○表示该行对应前沿在该列指标上美国取得第 1，★表示该行对应前沿在该列指标上中国取得第 1。

13.2.10 经济学、心理学及其他社会科学领域

经济学、心理学及其他社会科学领域共遴选出 10 个热点前言，比较遗憾的是，在该领域没有任何一项研究入选 2016 年新兴前沿的行列。美国在经济学、心理学及其他社会科学领域前沿覆盖率达到了 100%，其中有 9 个前沿核心论文数和署名通讯作者的核心论文数均排名第 1，另一个前沿两项指标均排名第 2。从以上数据可以看出，美国在该领域前沿贡献度和前沿引领度的国际竞争中表现突出，领跑了 90% 前沿的发展。

除了美国以外，英国是该领域的整体表现最为突出的国家，署名通讯作者的核心论文排名在7个前沿收获了2~3名，但没有排名第1的前沿。中国则在"基于数据包络分析法的环境效益与能源效率评价""网络成瘾的致因与行为影响""全球土地和自然资源争夺研究"和"家族控制（参与）对企业战略选择和创新的影响"4个前沿贡献了核心论文，并在前3个前沿有中国署名通讯作者的核心论文入选。值得关注的是，美国表现了较强的前沿贡献度和前沿引领度，贡献的核心论文和署名通讯作者的核心论文均排名第2的前沿"基于数据包络分析法的环境效益与能源效率评价"恰恰是中国领跑的热点前沿，该前沿中国贡献了核心论文20篇，且有18篇中国署名通讯作者的核心论文，中国以两项指标均排名第1领跑该热点前沿的发展，表现了最强的前沿贡献度和前沿引领度。

从卓越前沿对比的视角来看，美国在前沿核心论文数和署名通讯作者的核心论文数均排名第1的9个前沿同时表现了研究基础卓越、研究影响力卓越和研究发展潜力卓越。并在"基于数据包络分析法的环境效益与能源效率评价"前沿美国同时表现了研究基础卓越和研究发展潜力卓越。中国则仅在"基于数据包络分析法的环境效益与能源效率评价"前沿同时表现了研究基础卓越、研究影响力卓越和研究发展潜力卓越。

从经济学、心理学及其他社会科学领域的整体来看，在前沿覆盖率、前沿贡献度、前沿引领度以及卓越前沿对比多个方面美国均以绝对优势领先中国。中国在遴选出的10个前沿中，贡献度的表现涉及了4个前沿，引领度的表现只涉及了3个前沿（表13.10）。这与经济学、心理学及其他社会科学领域受研究问题地域化和研究文献语种的影响不无关系。同时表明，中国在该领域如果取得各项指标的提升，不断缩小与美国的差距需要付出更多的努力。

表13.10 经济学、心理学及其他社会科学领域10个前沿的核心论文中美国和中国的贡献度和引领度以及两国的卓越前沿对比

序号	前沿名称	贡献国家	总论文/篇	中国贡献			美国贡献			中国通讯作者		美国通讯作者		研究基础卓越		研究影响力卓越			研究发展潜力卓越	
				论文/篇	比例/%	排名	论文/篇	比例/%	排名	论文/篇	排名	论文/篇	排名	国家核心	机构核心	国家被引	机构被引	作者被引	国家施引	机构施引	作者施引
1	电子烟的用户偏好、有毒物质释放、管制以及对戒烟的影响	12	50	/	/	/	31	62.0	1	/	/	27	1	○	○		○	○			
2	亚马逊土耳其机器人与合作行为研究	7	18	/	/	/	16	88.9	1	/	/	14	1							○	
3	美国医疗改革的影响与成效	1	23	/	/	/	23	100.0	1	/	/	23	1								

续表

序号	前沿名称	贡献国家	总论文/篇	中国贡献			美国贡献			中国通讯作者		美国通讯作者		研究基础卓越		研究影响力卓越			研究发展潜力卓越		
				论文/篇	比例/%	排名	论文/篇	比例/%	排名	论文/篇	排名	论文/篇	排名	国家核心	机构核心	国家被引	机构被引	作者被引	国家施引	机构施引	作者施引
4	全球水烟的发展及其对健康的影响	9	23	/	/	/	22	95.7	1	/	/	18	1			○					
5	网络成瘾的致因与行为影响	23	28	3	10.7	7	13	46.4	1	1	6	8	1			○					
6	自残与自杀行为研究	16	28	/	/	/	19	67.9	1	/	/	16	1			○					
7	家族控制（参与）对企业战略选择和创新的影响	11	28	3	10.7	9	20	71.4	1	/	/	7	1			○					○
8	音乐训练与认知能力	11	19	/	/	/	7	36.8	1	/	/	/	/			○					
9	全球土地和自然资源争夺研究	15	27	4	14.8	4	14	51.9	1	1	6	10	1			○					
10	基于数据包络分析法的环境效益与能源效率评价	11	35	20	57.1	1	11	31.4	2	18	1	10	2	★	○	★	★		★		

注：经济学、心理学及其他社会科学领域共遴选出10个前沿，均为热点前沿，无新兴前沿，其中○表示该行对应前沿在该列指标上美国取得第1，★表示该行对应前沿在该列指标上中国取得第1。

13.3 中美未来的科研潜在贡献度和潜在引领度分析

各国在100个热点前沿和80个新兴前沿的表现大致反映了各国在世界科研前沿布局中的态势。这些分析主要是依据贡献度和引领度指标的比较来实现的。如何聚焦国家在未来的表现，以前瞻的视角进一步揭示前沿范围内不同国家的未来贡献和表现也是值得关注的重要问题。而潜在贡献度和潜在引领度恰恰能够从另一个侧面帮助我们寻找这个问题的答案。

潜在贡献度，当在某个前沿的施引论文中出现某国作者署名时，即认为该国在该前沿中具备较强的后续贡献能力，实际进入前沿的论文数为该国的潜在贡献度。潜在引领度，当在某个前沿的施引论文中出现某国作者作为通讯作者署名时，即认为该国在该前沿中具备较强的后续引领能力，实际进入前沿的论文数为该国的潜在引领度。

13.3.1 农业、植物学和动物学领域

在农业、植物学和动物学领域，中国和美国在所有10个研究前沿中均贡献了施引论文和署名通讯作者的施引论文。具体而言，在"食品检测中的高光谱成像技术""子囊菌和半知菌的分类学与系统发育学"和"抗氧化肽的分离与表征"3个研究前沿，中国贡献的施引论文数量和署名通讯作者的施引论文数量均排名第1，表现了最强的潜在贡献度和潜在引领度。这两项指标美国均排名2~7位，与中国的表现有一定差距（表13.11）。

表13.11 农业、植物学和动物学领域10个前沿的施引论文中美国和中国的潜在贡献度和潜在引领度

序号	前沿名称	贡献国家	总论文	中国贡献			美国贡献			中国通讯作者		美国通讯作者	
				论文/篇	比例/%	排名	论文/篇	比例/%	排名	论文/篇	排名	论文/篇	排名
1	食品检测中的高光谱成像技术	51	622	263	42.3	1	53	8.5	4	224	1	29	5
2	光合作用捕光蛋白复合物的结构与功能	53	1036	136	13.1	3	199	19.2	2	114	3	139	2
3	子囊菌和半知菌的分类学与系统发育学	88	1203	388	32.3	1	256	21.3	3	304	1	144	2
4	生鲜食品微生物污染的爆发与防控	71	956	66	6.9	4	375	39.2	1	39	5	323	1
5	植物先天免疫机制	38	493	106	21.5	2	169	34.3	1	75	2	131	1
6	抗氧化肽的分离与表征	58	591	245	41.5	1	45	7.6	3	230	1	18	7
7	细菌Ⅵ型分泌系统的结构与调控	53	788	75	9.5	5	317	40.2	1	63	5	253	1
8	营养物质纳米乳递送系统	66	1353	192	14.2	2	375	27.7	1	149	2	298	1
9	田间高通量作物根系表型分析	77	1016	141	13.9	4	293	28.8	1	111	3	230	1
10	害虫天敌蝙蝠的白鼻综合征	54	461	7	1.5	15	309	67.0	1	3	16	267	1

注：农业、植物学和动物学领域共遴选出10个前沿，序号1～10的为热点前沿，无新兴前沿。

在美国领跑的"生鲜食品微生物污染的爆发与防控""细菌Ⅵ型分泌系统的结构与调控""营养物质纳米乳递送系统""田间高通量作物根系表型分析"和"害虫天敌蝙蝠的白鼻综合征"5个研究前沿，和中国领跑、美国处在并跑位置的"植物先天免疫机制"研究前沿，美国贡献的施引论文数和美国署名通讯作者的施引论文数均排名第1。可见美国在这6个研究前沿优势突出，表现了最强的潜在贡献度和潜在引领度。在这6个前沿中，除"害虫天敌蝙蝠的白鼻综合征"研究前沿，中国贡献的施引论文和署名通讯作者的施引论文排名均在2～5位之间，也表现了较强的潜在贡献度和潜在引领度。

而在"光合作用捕光蛋白复合物的结构与功能"研究前沿，美国和中国贡献的施引论文和署名通讯作者的施引论文排名分别是第2和第3，两国在该前沿表现了相近的潜在贡献度和潜在引领度。

13.3.2 生态与环境科学领域

在生态与环境科学领域，中国和美国在所有12个研究前沿中均贡献了施引论文和署名通讯作者的施引论文（表13.12）。美国依然表现抢眼，具体而言，在"海洋环境中的微塑料污染""生态系统服务""两栖类动物的传染性疾病：壶菌病的生态学研究""生物多样性丧失对生态系统功能和生态系统服务的影响""溴系阻燃剂对环境的影响及其替代者有机磷阻燃剂""全球性汞污染""β多样性""生态物种形成的遗传学和基因组学研究"和"内吸性杀虫剂（新烟碱和氟虫腈）对非目标生物及

表 13.12 生态与环境科学领域 12 个前沿的施引论文中美国和中国的潜在贡献度和潜在引领度

序号	前沿名称	贡献国家	总论文/篇	中国贡献			美国贡献			中国通讯作者		美国通讯作者	
				论文/篇	比例/%	排名	论文/篇	比例/%	排名	论文/篇	排名	论文/篇	排名
1	海洋环境中的微塑料污染	76	771	32	4.2	11	211	27.4	1	28	8	156	1
2	福岛核事故对环境的影响	59	776	58	7.5	4	137	17.7	2	33	4	89	2
3	生态系统服务	114	2172	172	7.9	7	717	33.0	1	141	5	489	1
4	两栖类动物的传染性疾病：壶菌病的生态学研究	102	1233	37	3.0	12	703	57.0	1	25	8	549	1
5	生物多样性丧失对生态系统功能和生态系统服务的影响	104	1346	102	7.6	10	531	39.5	1	56	7	340	1
6	溴系阻燃剂对环境的影响及其替代者有机磷阻燃剂	72	1604	416	25.9	2	508	31.7	1	377	2	409	1
7	全球性汞污染	83	1478	261	17.7	2	662	44.8	1	219	2	522	1
8	β多样性	87	1061	77	7.3	9	371	35.0	1	46	7	247	1
9	生态物种形成的遗传学和基因组学研究	118	2888	179	6.2	8	1307	45.3	1	124	7	980	1
10	土壤和沉淀物重金属污染	89	1872	881	47.1	1	108	5.8	3	840	1	39	8
11	内吸性杀虫剂（新烟碱和氟虫腈）对非目标生物及环境的影响	27	63	3	4.8	11	15	23.8	1	2	7	10	1
12	水结构离液性和亲液性：使用、滥用及其生物学意义	29	64	2	3.1	16	19	29.7	2	1	12	9	2

注：生态与环境科学领域共遴选出 12 个前沿，序号 1～10 的为热点前沿，序号 11 和 12 的为新兴前沿。

环境的影响"9 个前沿美国贡献的施引论文数和署名通讯作者的施引论文排名均占据了第 1 的位置，表现了最强的潜在贡献度和潜在引领度，进一步显示了其在生态与环境科学领域的优势。

由于地域性问题的原因，在"福岛核事故对环境的影响"前沿我们关注的两项指标美国均排名第 2，中国均排名第 4，也同样表现出一定的潜在贡献度和潜在引领度。

同样值得关注的是，在中国领跑的"土壤和沉淀物重金属污染"热点前沿，中国以施引论文排名和署名通讯作者的施引论文排名两个第 1，赢得了最强的潜在贡献度和潜在引领度。在该领域美国则表现稍弱，贡献的施引论文排名第 3，署名通讯作者的施引论文排名第 8。

13.3.3 地球科学领域

在地球科学领域，美国优势明显，表现依然抢眼，在 12 个前沿中，有 11 个前沿美国贡献的施引论文均排名第 1，另外一个排名第 2（表 13.13）。并且在 10 个前沿中美国署名通讯作者的施引论文排名第1，另外两个排名第2。可见美国在地球科学领域整体上表现了最强的潜在贡献度和潜在引领度。中国在施引论文的贡献方面优于核心论文的贡献方面。在10个前沿均有施引论文和署名通讯作者的施引论文贡献。

值得关注的是，在"高亚洲冰川质量变化研究"前沿，中国贡献了施引论文456篇，排名第2。其中365篇中国署名通讯作者，排名第1，中国在该前沿表现了较强的潜在贡献度和最强的潜在引领度。中国在"北极放大效应与中纬度极端天气的关系""土壤碳循环对气候变化的响应""气候系统模式研究""2011年东日本大地震同震滑动研究""内陆水域和海洋的碳循环"5个前沿贡献的施引论文排名均在3~6位，署名通讯作者的施引论文排名均在2~3位，表现了较强的潜在贡献度和潜在引领度。在其他6个热点前沿，中国贡献的施引论文数排名和署名通讯作者的施引论文均排在4名之后，潜在贡献度和潜在引领度表现一般。

表13.13 地球科学领域12个前沿的施引论文中美国和中国的潜在贡献度和潜在引领度

序号	前沿名称	贡献国家	总论文/篇	中国贡献			美国贡献			中国通讯作者		美国通讯作者	
				论文/篇	比例/%	排名	论文/篇	比例/%	排名	论文/篇	排名	论文/篇	排名
1	北极放大效应与中纬度极端天气的关系	78	1185	129	10.9	5	573	48.4	1	103	2	433	1
2	土壤碳循环对气候变化的响应	98	1940	374	19.3	3	1003	51.7	1	267	2	693	1
3	全球变暖突然趋缓（hiatus现象）	96	2692	280	10.4	5	1408	52.3	1	206	4	1003	1
4	地球早期海洋的演化以及与之相关的生物进化	79	3405	380	11.2	4	1609	47.3	1	244	4	1188	1
5	气候系统模式研究	69	2003	293	14.6	4	1120	55.9	1	189	3	830	1
6	高亚洲冰川质量变化研究	89	1538	456	29.6	2	507	33.0	1	365	1	292	2
7	下一代地震动衰减地面运动预测模型研究	61	934	48	5.1	7	392	42.0	1	39	7	314	1
8	2011年东日本大地震同震滑动研究	60	984	93	9.5	3	370	37.6	2	61	3	261	2
9	内陆水域和海洋的碳循环	67	1249	140	11.2	6	554	44.4	1	97	6	391	1
10	末次间冰期气候变化研究	59	1056	103	9.8	7	515	48.8	1	56	5	323	1
11	2012年夏洛特皇后群岛地震断层带研究	12	41	1	2.4	8	26	63.4	1	/	/	24	1
12	基于GEOTRACES等计划开展的北大西洋和南大洋痕量元素组成研究	30	127	7	5.5	8	77	60.6	1	3	7	48	1

注：地球科学领域共遴选出12个前沿，序号1~10的为热点前沿，序号11和12的为新兴前沿。

13.3.4 临床医学领域

在临床医学领域，美国的优势同样明显。美国在临床医学领域的28个前沿的施引论文和美国署名通讯作者施引论文数均排名第1位，足以表明美国在临床医学领域热点前沿的潜在贡献度和潜在引领度的国际竞争中取得了绝对优势（表13.14）。

表13.14 临床医学领域31个前沿的施引论文中美国和中国的潜在贡献度和潜在引领度

序号	前沿名称	贡献国家	总论文/篇	中国贡献			美国贡献			中国通讯作者		美国通讯作者	
				论文/篇	比例/%	排名	论文/篇	比例/%	排名	论文/篇	排名	论文/篇	排名
1	直接抗病毒药物（DAAs）治疗丙型肝炎	67	1333	41	3.1	12	645	48.4	1	29	10	531	1
2	埃博拉病毒病流行与治疗	86	1515	103	6.8	5	863	57.0	1	76	3	718	1
3	麦胶肠病及非麦胶肠病性麦胶敏感	68	1288	14	1.1	23	363	28.2	1	7	25	278	1
4	东南亚恶性疟疾青蒿素抗药机制	102	1561	80	5.1	11	615	39.4	1	38	11	388	1
5	循环肿瘤DNA用于肿瘤获得性耐药监测	51	1181	112	9.5	5	494	41.8	1	91	4	384	1
6	免疫检查点抑制剂抗PD-1抗体治疗恶性黑色素瘤	65	5044	236	4.7	9	2782	55.2	1	168	8	2458	1
7	PCSK9单克隆抗体对高胆固醇血症患者LDL胆固醇影响	59	1068	46	4.3	11	512	47.9	1	38	8	423	1
8	人感染H7N9禽流感病毒传播、流行及生物学特性	87	1824	721	39.5	1	710	38.9	2	646	1	489	2
9	IL-17单抗用于银屑病治疗	52	1016	83	8.2	4	442	43.5	1	69	4	332	1
10	全基因组测序用于监测耐药病原菌爆发	106	1507	80	5.3	7	573	38.0	1	58	5	430	1
11	PD-1抑制剂治疗晚期非小细胞肺癌	30	116	12	10.3	3	57	49.1	1	10	2	47	1
12	院外心脏停搏治疗与结局	35	216	3	1.4	18	83	38.4	1	3	13	65	1
13	儿童急性弛缓性脊髓炎与肠道病毒D68爆发相关	20	69	4	5.8	6	31	44.9	1	3	6	27	1
14	无干扰素抗病毒疗法防治肝移植术后丙型肝炎复发	18	106	4	3.8	6	53	50.0	1	4	5	47	1
15	区域淋巴照射治疗早期乳腺癌	27	103	12	11.7	2	38	36.9	1	11	2	34	1

续表

序号	前沿名称	贡献国家	总论文/篇	中国贡献			美国贡献			中国通讯作者		美国通讯作者	
				论文/篇	比例/%	排名	论文/篇	比例/%	排名	论文/篇	排名	论文/篇	排名
16	心房颤动抗凝治疗有效性	19	71	3	4.2	8	17	23.9	2	1	11	12	2
17	长链非编码 RNA MALA T1 促进癌细胞的增殖和转移机制	18	105	82	78.1	1	15	14.3	2	80	1	9	2
18	绝经前乳腺癌患者辅助卵巢功能抑制	34	108	2	1.9	19	47	43.5	1	2	10	39	1
19	端粒基因突变与肺疾病	33	93	7	7.5	6	47	50.5	1	5	4	38	1
20	埃博拉病毒病的传播与控制	38	82	4	4.9	7	45	54.9	1	4	4	32	1
21	口服抗凝药的消化道出血风险	37	198	4	2.0	14	67	33.8	1	1	19	59	1
22	13 价肺炎球菌疫苗（PCV13）防治侵袭性肺炎链球菌病	40	154	3	1.9	14	73	47.4	1	2	15	56	1
23	LCZ696 与依那普利对心衰患者影响比较	53	206	4	1.9	18	89	43.2	1	1	20	72	1
24	白细胞介素-5 受体单抗治疗嗜酸性哮喘	28	113	4	3.5	10	48	42.5	1	2	8	42	1
25	乳腺癌遗传性突变	30	135	7	5.2	7	76	56.3	1	6	5	62	1
26	2 型糖尿病降糖治疗心血管事件风险控制	27	102	4	3.9	9	44	43.1	1	3	7	33	1
27	GBCA 增强造影术后颅内钆沉积	31	98	4	4.1	12	34	34.7	1	3	9	25	1
28	Sorafenib 和 lenvatinib 治疗难治性甲状腺癌	25	107	7	6.5	7	41	38.3	1	6	5	36	1
29	皮质激素辅助治疗社区获得性肺炎	27	102	8	7.8	3	40	39.2	1	7	3	33	1
30	卡铂新辅助化疗治疗三阴性乳腺癌	26	83	9	10.8	5	35	42.2	1	6	4	25	1
31	配对活检揭示非酒精性脂肪肝疾病进展	26	77	4	5.2	5	30	39.0	1	4	5	26	1

注：临床医学领域共遴选出 31 个前沿，序号 1～10 的为热点前沿，序号 11～31 的为新兴前沿。

值得关注的是，美国没有拿到冠军的前沿"人感染H7N9禽流感病毒传播、流行及生物学特性"和"长链非编码RNA MALA T1促进癌细胞的增殖和转移机制"恰恰是中国在临床医学领域抢占领跑位置的2个前沿，中国不仅在贡献的核心论文和署名通讯作者的核心论文上取得了双料冠军，同样在中国贡献的施引论文和署名通讯作者的施引论文上也拿到了双料冠军，在该前沿表现了最强的潜在贡献度和潜在引领度。

在美国表现最佳的28个前沿，中国也都有施引论文和署名通讯作者的施引论文贡献。具体而言，在近一半的前沿，中国贡献的施引论文和署名通讯作者的施引论文排名均在前10位，有的甚至在前5位，可见在这些前沿中国也表现了较强的潜在贡献度和潜在引领度。在其他前沿中国贡献的施引论文数均排在10名之后，中国的潜在贡献度和潜在引领度均表现一般。

13.3.5　生物科学领域

在生物科学领域，美国表现依然堪称惊艳，在所有28个前沿中均贡献了最多的施引论文，表现了最强的潜在贡献度，并在21个前沿美国贡献署名通讯作者的施引论文均排名第1，在这21个前沿表现了最强的潜在引领度（表13.15）。中国在施引论文的贡献相比核心论文的贡献明显增强。贡献的施引论文和署名通讯作者的施引论文均覆盖了所有28个热点前沿。

表13.15　生物科学领域28个前沿的施引论文中美国和中国的潜在贡献度和潜在引领度

序号	前沿名称	贡献国家	总论文/篇	中国贡献			美国贡献			中国通讯作者		美国通讯作者	
				论文/篇	比例/%	排名	论文/篇	比例/%	排名	论文/篇	排名	论文/篇	排名
1	中东呼吸综合征冠状病毒的分离、鉴定与传播	77	991	198	20.0	2	414	41.8	1	142	2	280	1
2	褪黑素在植物和人类中的生物学功能	58	1005	178	17.7	2	277	27.6	1	168	1	104	3
3	飞秒X射线激光在生物大分子的纳米晶体结构测定中的应用	44	905	57	6.3	8	420	46.4	1	33	5	296	1
4	巨噬细胞起源、发育分化的分子机制	55	1709	75	4.4	9	800	46.8	1	52	8	673	1
5	阿尔茨海默病相关基因位点的关联分析	65	1992	205	10.3	3	1021	51.3	1	168	3	797	1
6	RNA二级结构及腺嘌呤甲基化修饰	70	2094	234	11.2	3	989	47.2	1	189	3	806	1
7	广谱中和抗体与艾滋病疫苗设计	68	1696	97	5.7	6	1216	71.7	1	69	3	1021	1
8	PINK1/Parkin介导的线粒体自噬分子机理研究	57	2076	163	7.9	5	910	43.8	1	124	3	781	1

续表

序号	前沿名称	贡献国家	总论文/篇	中国贡献			美国贡献			中国通讯作者		美国通讯作者	
				论文/篇	比例/%	排名	论文/篇	比例/%	排名	论文/篇	排名	论文/篇	排名
9	T细胞的分化、功能与代谢	59	2468	250	10.1	2	1411	57.2	1	178	2	1226	1
10	C9orf72基因六核苷酸重复扩增引起的额颞叶痴呆症和肌萎缩侧索硬化症	54	1508	55	3.6	11	645	42.8	1	43	10	504	1
11	CRISPR RNA引导性核酸酶脱靶效应的全基因组检测	19	77	11	14.3	2	47	61.0	1	7	2	43	1
12	植物提取物和纳米粒子控制蚊虫害	11	23	6	26.1	5	6	26.1	5	1	2	/	/
13	肥胖的全基因组关联研究	50	101	11	10.9	7	54	53.5	1	4	7	37	1
14	雷帕霉素靶蛋白复合体1（mTORC1）的激活	18	58	10	17.2	2	36	62.1	1	5	2	31	1
15	纳米孔测序	50	94	5	5.3	6	47	50.0	1	2	8	40	1
16	树枝状大分子纳米载体用于肿瘤靶向给药和基因转移	29	95	15	15.8	3	32	33.7	1	14	3	18	2
17	使用伪氨基酸组分算法预测蛋白质的结构和功能	19	77	51	66.2	1	24	31.2	2	50	1	4	2
18	利用人类表型本体数据进行遗传疾病诊断	41	120	8	6.7	9	67	55.8	1	3	5	49	1
19	2型先天淋巴样细胞调节米色脂肪的生物合成	28	133	13	9.8	2	75	56.4	1	6	3	67	1
20	癌症化疗中纳米载体的应用	33	101	19	18.8	2	23	22.8	1	19	1	17	2
21	CRISPR-Cas9调控的基因组规模转录激活	22	130	22	16.9	2	92	70.8	1	14	2	85	1
22	自噬与凋亡的互作	41	158	42	26.6	2	43	27.2	1	37	1	30	2
23	染色质环接原理及染色体域结构进化	29	133	9	6.8	6	78	58.6	1	1	14	66	1
24	肌动蛋白的组装及其网络平衡	21	105	4	3.8	5	58	55.2	1	3	5	51	1
25	荧光探针在细胞骨架活细胞成像中的应用	24	107	8	7.5	4	41	38.3	1	8	3	34	1
26	新型重组禽流感病毒（H5N8和H5N6）的鉴定及其特征	18	59	20	33.9	1	18	30.5	2	19	1	13	2
27	遗传结构和饮食对肠道菌群组成的影响	26	99	3	3.0	8	58	58.6	1	2	10	50	1
28	耳蜗毛细胞的再生及其基因表达	21	83	11	13.2	2	54	65.1	1	7	2	50	1

注：生物科学领域共遴选出28个前沿，序号1～10的为热点前沿，序号11～28的为新兴前沿。

值得关注的是，在"使用伪氨基酸组分算法预测蛋白质的结构和功能"和"新型重组禽流感病毒（H5N8和H5N6）的鉴定及其特征"2个前沿中国贡献了最多的施引论文和署名通讯作者的施引论文，表现了最强的潜在贡献度和潜在引领度。在"褪黑素在植物和人类中的生物学功能"和"癌症化疗中纳米载体的应用"热点前沿，中国贡献的施引论文均排名第2。贡献的中国署名通讯作者的施引论文均排名第1，中国在这2个前沿表现了很强的潜在贡献度和最强的潜在引领度。中国在其他前沿的近1/3两项指标均排名在前3，也表现了较强的潜在贡献度和潜在引领度。

13.3.6 化学与材料科学领域

在化学与材料科学领域，中国表现突出，在24个前沿贡献了最多的施引论文和署名通讯作者的施引论文，表现了最强的潜在贡献度和潜在引领度，在其他8个前沿贡献的施引论文和署名通讯作者的施引论文也均排名前3，表现了较强的潜在贡献度和潜在引领度（表13.16）。美国则在6个前沿贡献了最多的施引论文和署名通讯作者的施引论文，表现了最强的潜在贡献度和潜在引领度，美国还分别在22个前言的施引论文数和19个前言署名通信作者施引论文数排名2～3位，在这些前沿也表现了较强的潜在贡献度和潜在引领度。在其他前沿美国的潜在贡献度和潜在引领度表现一般，甚至缺席个别前沿的施引论文和署名通讯作者的施引论文。

表13.16 化学与材料科学领域32个前沿的施引论文中美国和中国的潜在贡献度和潜在引领度

序号	前沿名称	贡献国家	总论文/篇	中国贡献			美国贡献			中国通讯作者		美国通讯作者	
				论文/篇	比例/%	排名	论文/篇	比例/%	排名	论文/篇	排名	论文/篇	排名
1	基于非富勒烯受体的有机太阳能电池	40	579	242	41.8	1	132	22.8	2	217	1	89	2
2	三氟甲硫基化反应	41	857	423	49.4	1	122	14.2	2	410	1	92	2
3	摩擦纳米发电机	41	785	385	49.0	1	359	45.7	2	259	1	231	2
4	非贵金属电解水纳米催化剂	40	645	387	60.0	1	170	26.4	2	347	1	124	2
5	金催化的有机合成	42	933	295	31.6	1	163	17.5	2	280	1	134	2
6	高效钙钛矿型太阳能电池	68	2726	917	33.6	1	567	20.8	2	805	1	416	2
7	半导体/石墨烯纳米复合物光催化剂	57	1481	978	66.0	1	126	8.5	2	925	1	75	4
8	白光LED用荧光粉	57	2657	1641	61.8	1	172	6.5	3	1535	1	95	6
9	石墨烯过滤膜	62	1865	631	33.8	1	542	29.1	2	536	1	402	2
10	钠离子电池	40	1091	455	41.7	1	249	22.8	2	397	1	194	2

续表

序号	前沿名称	贡献国家	总论文/篇	中国贡献			美国贡献			中国通讯作者		美国通讯作者	
				论文/篇	比例/%	排名	论文/篇	比例/%	排名	论文/篇	排名	论文/篇	排名
11	具有大载流子扩散长度的有机铅卤化物钙钛矿单晶	26	172	49	28.5	2	62	36.0	1	42	2	44	1
12	有机铅卤化物钙钛矿材料在潮湿环境下的分解	27	89	18	20.2	2	24	27.0	1	17	1	17	1
13	钙钛矿型发光二极管	22	65	16	24.6	2	18	27.7	1	13	2	15	1
14	碳量子点荧光材料	20	87	62	71.3	1	6	6.9	2	60	1	4	2
15	具有电磁波吸收性能的核壳结构材料	8	99	93	93.9	1	0	/	/	93	1	/	/
16	邻亚甲基苯醌的不对称有机催化反应	16	98	44	44.9	2	12	12.2	3	43	1	12	3
17	钙钛矿型有机铅卤化物光电探测器	18	77	24	31.2	2	28	36.4	1	21	2	22	1
18	镍催化芳基醚碳氧键活化反应	15	69	19	27.5	2	6	8.7	4	17	2	5	4
19	光活化的不对称催化反应	19	90	34	37.8	1	18	20.0	3	26	1	18	2
20	镧系金属有机框架化合物用于荧光温度传感	26	127	85	66.9	1	12	9.4	2	82	1	9	2
21	非水体系锂氧电池中过氧化锂的生成机理	22	75	16	21.3	3	27	36.0	1	12	2	23	1
22	高效单结聚合物太阳能电池	28	429	244	56.9	1	82	19.1	2	220	1	46	2
23	钙钛矿型太阳能电池光电转换机理研究	39	335	78	23.3	2	101	30.1	1	63	2	74	1
24	二维过渡金属硫族化合物纳米材料	22	231	152	65.8	1	39	16.9	2	129	1	23	3
25	纳米二氧化锰超级电容器电极材料	23	101	82	81.2	1	7	6.9	2	82	1	/	/
26	钠离子电池	23	181	82	45.3	1	46	25.4	2	63	1	34	2
27	基于柱芳烃的超分子聚合物	8	89	81	91.0	1	10	11.2	2	79	1	3	2
28	过渡金属催化的杂芳烃交叉偶联反应	32	109	14	12.8	3	7	6.4	6	12	3	6	5
29	用于染料敏化太阳能电池的新型卟啉染料	27	90	30	33.3	1	7	7.8	4	29	1	4	4
30	纳米颗粒的细胞生物学效应	23	89	32	36.0	1	18	20.2	3	26	1	7	3
31	三价铑催化的芳烃碳氢键活化反应	11	69	44	63.8	1	10	14.5	2	43	1	4	3
32	高性能锂硫电池	12	71	34	47.9	1	32	45.1	2	29	1	28	2

注：化学与材料科学领域共遴选出32个前沿，序号1～10的为热点前沿，序号11～32的为新兴前沿。

中国不仅在两项指标的名次上完胜，而且从贡献的施引论文数量和署名通讯作者的施引论文数量和份额上都以较大优势，有的前沿甚至接近美国的10倍，从绝对施引论文数来看足以表明中国在化学与材料科学领域热点前沿的潜在贡献度和潜在引领度国际竞争中的绝对优势。

总体来讲，在前沿贡献度和前沿引领度上，中国与美国在不同的新兴前沿各有侧重，中国稍胜一筹，而在潜在贡献度和潜在引领度方面，中国的优势则更加明显。

13.3.7 物理学领域

在物理学领域，中国和美国在物理科学领域所有20个前沿中均贡献了施引论文和署名通讯作者的施引论文（表13.17）。美国依然表现最佳，优势明显。具体而言，在"暗物质间接探测之银河系中心伽马射线超出研究""外尔半金属的特性研究和实验实现""钇钡铜氧化物超导体的赝能隙态研究""双星系统的动力学演化和引力波探测""基于希格斯耦合的标准模型研究""自驱动粒子的集群运动研究""非线性有质量引力""基于混合角 θ13 最新结果的中微子振荡研究""高级激光干涉引力波天文台及其相关工具和模拟方法""挠率牛顿-嘉当几何""周期驱动量子体系的特性研究""二硫化钼和二硒化钨的谷电子学研究""分数陈绝缘体的实验实现"和"自旋轨道耦合超冷原子体系"共14个前沿美国贡献的施引论文数和署名通讯作者的施引论文排名均占据了第1的位置，表现了最强的潜在贡献度和潜在引领度，进一步显示了其在物理科学领域的优势地位。其中"外尔半金属的特性研究和实验实现""二硫化钼和二硒化钨的谷电子学研究""自旋轨道耦合超冷原子体系""分数陈绝缘体的实验实现""暗物质间接探测之银河系中心伽马射线超出研究"和"基于混合角 θ13 最新结果的中微子振荡研究"6个前沿中国贡献的施引论文分别排名第2、第2、第2、第3、第4和第5，署名通讯作者的施引论文均排名第2。可见，在这6个前沿中国也表现了较强的潜在贡献度和潜在引领度。

值得关注的是，在"单层/多层黑磷的特性及其应用"和"超表面（metasurfaces）特性研究及超表面器件设计"2个热点前沿的施引论文方面中国表现堪称惊艳，中国以施引论文排名和署名通讯作者的施引论文排名两个第1，赢得了这2个热点前沿最强的潜在贡献度和潜在引领度。美国在这两个热点前沿贡献的施引论文排名和署名通讯作者的施引论文排名均为第2。这表明在这2个前沿美国也表现了较强的潜在贡献度和潜在引领度。

13.3.8 天文学与天体物理领域

在天文学与天体物理领域，美国在天文学与天体物理领域的优势表现则更加明显。在所有12个前沿中，从施引论文数量和署名通讯作者的施引论文数量两项指标来看，美国都位列第1，在所有12个

表 13.17 物理学领域 20 个前沿的施引论文中美国和中国的潜在贡献度和潜在引领度

序号	前沿名称	贡献国家	总论文/篇	中国贡献			美国贡献			中国通讯作者		美国通讯作者	
				论文/篇	比例/%	排名	论文/篇	比例/%	排名	论文/篇	排名	论文/篇	排名
1	暗物质间接探测之银河系中心伽马射线超出研究	63	422	50	11.8	4	230	54.5	1	33	2	175	1
2	单层/多层黑磷的特性及其应用	41	649	283	43.6	1	238	36.7	2	238	1	172	2
3	外尔半金属的特性研究和实验实现	43	825	201	24.4	2	391	47.4	1	150	2	273	1
4	钇钡铜氧化物超导体的赝能隙态研究	48	650	57	8.8	7	365	56.2	1	35	4	285	1
5	双星系统的动力学演化和引力波探测	46	1321	116	8.8	9	767	58.1	1	49	7	505	1
6	基于希格斯耦合的标准模型研究	67	724	70	9.7	8	253	34.9	1	45	6	167	1
7	自驱动粒子的集群运动研究	46	945	85	9.0	5	323	34.2	1	59	6	225	1
8	非线性有质量引力	46	674	40	5.9	10	193	28.6	1	32	5	132	1
9	超表面（metasurfaces）特性研究及超表面器件设计	45	1027	420	40.9	1	356	34.7	2	362	1	279	2
10	基于混合角 θ13 最新结果的中微子振荡研究	67	1519	209	13.8	5	375	24.7	1	166	2	209	1
11	高级激光干涉引力波天文台及其相关工具和模拟方法	28	85	8	9.4	8	52	61.2	1	1	12	26	1
12	挠率牛顿-嘉当几何	20	44	3	6.8	10	21	47.7	1	/	/	16	1
13	周期驱动量子体系的特性研究	21	58	1	1.7	16	23	39.7	1	1	10	19	1
14	二硫化钼和二硒化钨的谷电子学研究	41	255	73	28.6	2	126	49.4	1	52	2	88	1
15	AdS(5)xS(5)超弦的可积性研究	25	66	1	1.5	18	8	12.1	6	1	14	3	6
16	基于2013年普朗克卫星数据的宇宙暴胀模型研究	33	131	7	5.3	12	22	16.8	3	6	8	13	3
17	硒化铁超导体的向列性研究	22	67	16	23.9	4	26	38.8	1	11	4	13	3
18	新软引力子定理研究	24	95	8	8.4	6	31	32.6	1	3	6	19	2
19	分数陈绝缘体的实验实现	35	158	32	20.3	3	58	36.7	1	26	2	39	1
20	自旋轨道耦合超冷原子体系	27	101	31	30.7	2	41	40.6	1	26	2	27	1

注：物理学领域共遴选出 20 个前沿，序号 1~10 的为热点前沿，序号 11~20 的为新兴前沿。

前沿表现了最强的潜在贡献度和潜在引领度。中国在施引论文贡献方面优于核心论文贡献，在 12 个前沿均有施引论文贡献，在 11 个前沿贡献了署名通讯作者的施引论文，但与美国之间依然存在较大差距（表 13.18）。

表 13.18　天文学与天体物理领域 12 个前沿的施引论文中美国和中国的潜在贡献度和潜在引领度

序号	前沿名称	贡献国家	总论文/篇	中国贡献			美国贡献			中国通讯作者		美国通讯作者	
				论文/篇	比例/%	排名	论文/篇	比例/%	排名	论文/篇	排名	论文/篇	排名
1	基于"普朗克"（Planck）卫星等对宇宙微波背景辐射的探测	56	1904	136	7.1	13	996	52.3	1	90	6	533	1
2	暗物质和星系形成及演化研究	56	1638	83	5.1	11	874	53.4	1	40	11	539	1
3	基于"开普勒空间望远镜"（Kepler）开展系外行星搜寻及性质研究	54	1720	83	4.8	17	1131	65.8	1	42	6	786	1
4	利用"哈勃空间望远镜"（HST）研究高红移值星系的性质	52	1338	79	5.9	14	943	70.5	1	34	9	525	1
5	系外行星的形成、演化和直接成像研究	55	1294	52	4.0	14	888	68.6	1	23	12	562	1
6	基于太阳观测卫星数据（Solar-B、SDO、IRIS、STEREO 等）对太阳大气和磁场的研究	60	2875	426	14.8	3	1515	52.7	1	333	2	959	1
7	超新星及其对应前身星性质研究	64	1492	103	6.9	14	996	66.8	1	54	7	607	1
8	中子星和核物质对称能研究	66	1950	438	22.5	2	707	36.3	1	361	2	422	1
9	基于"郭守敬望远镜"（LAMOST）、"日内瓦-哥本哈根巡天"（GCS）、"斯隆数字巡天"（SDSS）等观测对星系结构、成分和演化的研究	59	1648	240	14.6	6	903	54.8	1	171	2	509	1
10	基于"斯隆数字巡天"（SDSS）等多项巡天项目的重子声学振荡相关研究	59	1849	351	19.0	3	621	33.6	1	277	2	346	1
11	"罗塞塔"（Rosetta）探测器对彗星 67P/丘留莫夫-格拉西缅科的观测研究	30	113	5	4.4	15	82	72.6	1	/		28	1
12	恒星、星系形成理论与观测研究	35	93	8	8.6	13	73	78.5	1	2	9	36	1

注：天文学与天体物理领域共遴选出 12 个前沿，序号 1～10 的为热点前沿，序号 11 和 12 的为新兴前沿。

具体而言，"基于太阳观测卫星数据（Solar-B、SDO、IRIS、STEREO 等）对太阳大气和磁场的研究""中子星和核物质对称能研究""基于'郭守敬望远镜'（LAMOST）、'日内瓦-哥本哈根巡天'（GCS）、'斯隆数字巡天'（SDSS）等观测对星系结构、成分和演化的研究"和"基于'斯隆数字巡天'（SDSS）等多项巡天项目的重子声学振荡相关研究"4个前沿，中国贡献的施引论文份额均在10%以上，个别前沿甚至达到20%以上，并且中国署名通讯作者的施引论文均排名第2。可见，这4个前沿中国表现了较强的潜在贡献度和潜在引领度。

13.3.9 数学、计算机科学与工程领域

在数学、计算机科学与工程领域，中国的优势表现得更加明显。在所有13个前沿中，从施引论文数量和署名通讯作者的施引论文数量两项指标来看，中国取得了10个双料冠军，在这10个前沿表现了最强的潜在贡献度和潜在引领度（表13.19）。另外3个前沿中国贡献的施引论文排名均在前3，署名通讯作者的施引论文排名2个第1，1个第3，同样表现了较强的潜在贡献度和潜在引领度。美国在施引论文贡献方面优于核心论文贡献，在10个前沿均有施引论文和署名通讯作者的施引论文贡献，但与中国相比差距不小，中国优势明显。

具体而言，在"构形设计和传热分析"和"基于临床应用的磁共振脑成像算法优化"2个前沿，中国贡献的施引论文份额均在50%以上，排名第2，其中中国署名通讯作者的施引论文均排名第1。在"城市热岛的缓解"前沿中国在两项指标上均排名第3，也表现了较强的潜在贡献度和潜在引领度。数学、计算机科学与工程领域中除此之外的其他10个前沿中国表现更加抢眼，在贡献的施引论文和署名通讯作者的施引论文方面均排名第1，以较大的优势表现了最强的潜在贡献度和潜在引领度。其中，美国在"构形设计和传热分析""关于Keller-Segel 趋化方程的研究""物联网、云制造及其相关信息服务技术""多输入多输出（MIMO）系统的研究与设计""测量设备无关型量子密钥分配研究""电动汽车用锂离子电池的充电状态估计和老化机制""应用纳米零价铁（ZVI）处理地下水和废水""基于临床应用的磁共振脑成像算法优化"和"混合动力电动客车的能量管理策略"9个前沿，也贡献了较多的施引论文和署名通讯作者的施引论文，两项指标均排名在前3位，也表现了较强的潜在贡献度和潜在引领度。

13.3.10 经济学、心理学及其他社会科学领域

在经济学、心理学及其他社会科学领域，美国依然是最大的赢家，在9个热点前沿贡献了最多的施引论文和署名通讯作者的施引论文，9个前沿中均表现了最强的潜在贡献度和潜在引领度。另外在1个

表 13.19 数学、计算机科学与工程领域 13 个前沿的施引论文中美国和中国的潜在贡献度和潜在引领度

序号	前沿名称	贡献国家	总论文/篇	中国贡献			美国贡献			中国通讯作者		美国通讯作者	
				论文/篇	比例/%	排名	论文/篇	比例/%	排名	论文/篇	排名	论文/篇	排名
1	犹豫模糊集理论及其在决策中的应用	33	445	352	79.1	1	12	2.7	5	342	1	4	8
2	构形设计和传热分析	46	439	253	57.6	1	54	12.3	2	241	1	33	2
3	关于 Keller-Segel 趋化方程的研究	36	396	143	36.1	1	86	21.7	2	123	1	59	2
4	几类偏微分方程的求解	40	345	100	29.0	2	42	12.2	3	86	1	26	4
5	物联网、云制造及其相关信息服务技术	52	509	298	58.5	1	203	39.9	2	250	1	74	2
6	多输入多输出（MIMO）系统的研究与设计	51	581	228	39.2	1	124	21.3	2	192	1	70	2
7	测量设备无关型量子密钥分配研究	58	1058	294	27.8	1	148	14.0	3	271	1	86	3
8	电动汽车用锂离子电池的充电状态估计和老化机制	51	830	304	36.6	1	213	25.7	2	275	1	149	2
9	应用纳米零价铁（ZVI）处理地下水和废水	64	809	347	42.9	1	99	12.2	2	303	1	46	3
10	生物启发式算法及其优化	62	905	240	26.5	1	91	10.1	4	214	1	49	5
11	基于临床应用的磁共振脑成像算法优化	15	47	26	55.3	2	28	59.6	1	26	1	8	2
12	混合动力电动客车的能量管理策略	26	93	45	48.4	1	16	17.2	2	40	1	8	2
13	城市热岛的缓解	17	65	5	7.7	9	6	9.2	2	4	3	2	4

注：数学、计算机科学与工程领域共遴选出 13 个前沿，序号 1～10 为热点前沿，序号 11～13 的为新兴前沿。

热点前沿施引论文和署名通讯作者的施引论文美国均排名第 2，表现了较强的潜在贡献度和潜在引领度（表 13.20）。中国在施引论文表现上明显优于在核心论文方面的表现，在所有 10 个热点前沿均贡献了施引论文和署名通讯作者的施引论文。在中国领跑的热点前沿"基于数据包络分析法的环境效益与能源效率评价"在施引论文和署名通讯作者的施引论文排名上，中国同样以两个第 1，在该前沿表现了最强的潜在贡献度和潜在引领度，这也是该领域中国在两项指标的表现上优于美国的唯一前沿。在美国表现最佳，施引论文和署名通讯作者的施引论文均排名第 1 的其他 9 个热点前沿，中国虽然也都有所贡献，但均排在 3 名以后，有的甚至排名在 20 名以后，可见中国在这 9 个热点前沿潜在贡献度和潜在引领度表现一般。

表 13.20 经济学、心理学及其他社会科学领域 10 个前沿的施引论文中美国和中国的潜在贡献度和潜在引领度

序号	前沿名称	贡献国家	总论文/篇	中国贡献 论文/篇	中国贡献 比例/%	中国贡献 排名	美国贡献 论文/篇	美国贡献 比例/%	美国贡献 排名	中国通讯作者 论文/篇	中国通讯作者 排名	美国通讯作者 论文/篇	美国通讯作者 排名
1	电子烟的用户偏好、有毒物质释放、管制以及对戒烟的影响	47	823	10	1.2	14	486	59.1	1	5	15	444	1
2	亚马逊土耳其机器人与合作行为研究	49	1934	75	3.9	6	1444	74.7	1	52	6	1265	1
3	美国医疗改革的影响与成效	42	924	8	0.9	8	806	87.2	1	6	7	791	1
4	全球水烟的发展及其对健康的影响	50	416	5	1.2	23	250	60.1	1	3	21	212	1
5	网络成瘾的致因与行为影响	56	1216	121	10.0	4	459	37.7	1	106	3	340	1
6	自残与自杀行为研究	55	1106	19	1.7	12	649	58.7	1	17	8	565	1
7	家族控制（参与）对企业战略选择和创新的影响	42	489	41	8.4	7	221	45.2	1	16	4	143	1
8	音乐训练与认知能力	43	872	37	4.2	9	350	40.1	1	31	4	285	1
9	全球土地和自然资源争夺研究	80	663	25	3.8	11	207	31.2	1	13	12	150	1
10	基于数据包络分析法的环境效益与能源效率评价	58	676	303	44.8	1	99	14.6	2	274	1	70	2

注：经济学、心理学及其他社会科学领域共遴选出 10 个前沿，均为热点前沿，无新兴前沿。

通过中美两国在 100 个热点前沿和 80 个新兴前沿的潜在贡献度和潜在引领度指标的对比分析，结果发现中国在潜在贡献度和潜在引领度两个指标上的数据表现明显优于贡献度和引领度指标上的数据，而且这一特点普遍存在于上述 10 个主要的学科领域。另外，如果说从贡献度和引领度指标来看，中国与美国之间尚存在差距，那么从潜在贡献度和潜在引领度指标来看，这种差距明显弱化。正如数据所示，中国在 10 个主要的学科领域都表现了较强的潜在发展实力，这不仅预示了科研实力上中美之间差距有逐渐缩小的趋势，也坚定了中国科研工作者引领和主导更多热点前沿和新兴前沿的信心和可能，也让我们看到了中国科研工作的未来。

13.4 讨论

从 10 个领域内遴选的热点前沿和新兴前沿参与和表现情况的比较分析，较为全面地展现了中国与美国等科技强国的差距和优势。结果显示，在数学、计算机科学与工程和化学与材料科学 2 个领域，中国在贡献度、引领度、潜在贡献度和潜在引领度多个指标以及卓越前沿表现视角上均超过美国。这表明在这些前沿中国已走在了世界前列，表现了最强的综合实力。

希望通过中国科学家的进一步努力，加大中国的领先优势，并不断扩大中国在这2个领域优势前沿的覆盖范围。

在农业、植物学和动物学领域、物理学领域、生态与环境科学领域和生物科学领域，中国也都有若干前沿跻身世界先进行列。在这些领域，虽然从领域整体上中国的参与和表现情况略逊于中国在数学、计算机科学与工程和化学与材料科学领域的表现，与美国尚存在差距，但每个领域中也至少有1～2个前沿中国表现了最强的综合实力，而且在这些领域中国参与的前沿覆盖范围也较广。这表明在这些领域中国处在不断成长和壮大的发展阶段。相信通过中国科学家的不懈努力，中国在这些领域会不断在更多的前沿有更好的贡献和表现，不断提升前沿的综合实力。

但在地球科学、天文学和天体物理学领域中国领先的前沿数还较少。在这些领域中国缺少贡献度和引领度等多项指标都表现突出的前沿。从临床医学、天文学与天体物理学领域和经济学、心理学及其他社会科学领域来看中国参与和有所表现的前沿覆盖范围较小。这些前沿从整体表现上来看，中国与美国差距较大，表明在这些领域需要中国科学家付出更多的努力，不断缩小差距，逐步扩大中国在这些领域的参与范围，增强中国在这些领域前沿的贡献度、前沿引领度、潜在贡献度、潜在引领度和卓越前沿表现。

附录 研究前沿综述：寻找科学的结构

作者：David Pendlebury

Eugene Garfield 于 1955 年第一次提出科学引文索引概念之际，即强调了引文索引区别于传统学科分类索引的几点优势[1]。因为引文索引会对每一篇文章的参考文献做索引，检索者就可以从一些已知的论文出发，去跟踪新近发表的引用了这些已知论文的论文。此外，无论是顺序或回溯引用论文，引文索引都是高产与高效的。

因为引文索引是基于研究人员自身的见多识广的判断，并反映在他们文章的参考文献中，而图书情报索引专家对出版物的内容并不如作者熟悉，只靠分类来做索引。Garfield 将这些作者称为"引文索引部队"，同时他认为这种索引是一张"创意联盟索引"。他认为引文是各种思想、概念、主题、方法的标志，"引文索引可以精确地、毫不模糊地呈现主题，不需要过多的解释，并对术语的变化具备免疫力[2]。"除此之外，引文索引具有跨学科属性，打破了来源文献覆盖范围的局限性。引文所呈现出的联系不局限于一个或几个领域——这种联系遍布整个研究世界。对科学而言，自从学科交叉被公认为研究发现的沃土，引文索引便呈现出独特的优势。诺贝尔奖得主 Joshua Lederberg 是 Garfield 这一思想较早的支持者，他在自己的遗传学研究领域与生物化学、统计学、农业、医学的交叉互动中受益匪浅。Science Citation Index（现在的 Web of Science）创建于 1963 年，距今已有 53 个年头[3]。虽然 Science Citation Index 经过很多年才被图书情报人员及学术圈完全认可，但是引文索引理念的影响力及它在操作过程中产生的实质作用是无法被否认的。

虽然 Science Citation Index 的主要用途是信息检索，但是从其诞生之初，Garfield 就很清楚他的数据可以被利用来分析科学研究本身。首先，他意识到论文的被引频次可以界定"影响力"显著的论文，而这些高被引论文的聚类分析结果可以指向具体的领域。不仅如此，他还深刻理解到大量的论文之间的引用与被引用虽然极其复杂，但揭示了科学的结构。他发表于 1963 年的一篇论文 "Citation Indexes for Sociological and Historical Research"，论述了利用引文分析客观探寻研究前沿的方法[4]。这篇文章背后的逻辑与利用引文索引进行信息检索的逻辑如出一辙：引文不仅体现了智力活动之间的相互连接，还体现了研究者社会属性的相互联系，它是研究人员做出的智力判断，反映了学术领域学者行为的高度自治与自律。Garfield 在 1964 年与同事 Irving H. Sher 及 Richard J. Torpie 第一次将引文关系佐证下指向的具备影响力的相关理论按时期进行线性描述，制作出 DNA 的发现过程及其结构研究的一幅科学历史脉络图[5]。Garfield 清楚地看到引文数据是呈现科学结构的最好素材。到目前为止，除了利用引文数据绘制了特定研究领域的历史图谱外，尚未出现一幅展示更为宏大的科学结构的图谱。

在这个领域 Garfield 并不孤独。同期，物理学、科学史学家 Derek J. de Solla Price 也试图探寻科学研究的本质与结构。作为耶鲁大学的教授，他首先使用科学计量方法对科学研究活动进行了测量，并且分别于 1961 年与 1963 年出版了两本颇具影响的书，证明了为什么 17 世纪以来无论是研究人员数量还是学术出版数量都呈现指数增长态势[6, 7]。但是在他的工作中鲜有对科学研究活动本身的统计分析，因为在他不知疲倦的探究之路上，获取、质询、解读研究活动的想法还没有提上日程。Price 与 Garfield 正是在此时相识

了。Price，这位裁缝的儿子，收到了来自 Garfield 的数据，他这样描述当时的情景："我从 ISI 计算机房的剪裁板上取得了这些数据"[8]。

1965 年，Price 发表了"科学研究论文网络"一文，文中利用了大量的引文分析数据描述他所定义的"科学研究前沿"的本质[9]。之前，他使用"研究前沿"这个词语时采用的是其字面意思，即某些卓越科学家在最前沿所进行的领先研究。但是在这篇论文中，他以 N 射线研究为例（该研究领域的生命周期很短），基于按时间顺序排列的论文及其互引模式构成的网络，从出版物的密度以及不同时期活跃度的角度对研究前沿进行了描述。Price 观察到研究前沿是建立在新近发表的"高密度"论文上，这些论文之间呈现出联系紧密的网状关系图。

"研究前沿从来都不是像编织那样一行一行编出来的。相反，它通常被漏针编织成小块儿或者小条儿。这些'条'被客观描述成'主题'，对'主题'的描述虽然随着时间推移会发生巨大变化，但是作为智力活动的内在含义保持了相对稳定性。如果有人想探寻这种'条'的本质，也许就会指向一种勾勒当前科学论文'地形图'的方法。这种'地形图'形成过程中，人们可以通过期刊在地图中的位置以及在'条'中的战略中心地位来识别期刊（实际上是国家、个人或单篇论文）的共同及各自相对的重要性"[10]。

1972 年，年轻的科学史学者 Henry Small 离开位于纽约的美国物理学会，加

入费城的美国科技信息所，他加入的最初动机是希望可以利用 Science Citation Index 的数据以及题名和关键词的价值。但是很快他就调整了方向，把注意力从"文字"转向了"文章间相互引用行为"，这种转变背后的动机与 Garfield 和 Price 不谋而合：引文的力量及其发展潜力。1973 年，Small 在 Garfield 1955 年介绍引文思想论文的基础上，开拓出自己全新的方向，发表了论文"Co-citation in the scientific literature: A new measure of relationship between two documents"，这篇论文介绍了一种新的研究方法——"共被引分析"，将描述科学学科结构的研究带入了一个新的时期[11]。Small 利用两篇论文被共同被引用的次数来描述这两篇论文的相似程度，换句话说就是统计"共被引频率"来确认相似度。

他利用当时新发表的粒子物理领域的论文分析来阐述自己的方法。Small 发现，这些通过"共被引"联系在一起的论文通常在研究主题上有高度的相似度，是相互关联的思想集合。他认为基于论文被引用频率的分析，可以用来寻找领域中关键的概念、方法和实验，是进行"共被引分析"的起点。前者用客观的方式揭示了学科领域的智力、社会和社会认知结构。像 Price 做研究前沿的研究一样，Small 将最近发表的通过引用关系紧密编织在一起的论文聚成组，接着通过"共被引"分析，发现分析结果指向了自然关联在一起的"研究单元"，而不是传统定义的"学科"或较大的领域。Small 将"共被引分

析"比作一部完整的电影，而不是一张孤立的图片，以表达他对该方法潜力的极大信任。他认为，通过重要论文间的相互引用模式分析，可以呈现某个研究领域的结构图，这幅结构图会随着时间的推移而发生变化，通过研究这种不断变化的结构，"共被引分析"可以帮助我们跟踪科学研究的进展，以及评估不同研究领域的相互影响程度。

还有一位值得注意的科学家是俄罗斯研究信息科学的 Irina V. Marshakova-Shaikevich。她也在 1973 年提出了"共被引分析"的思想[12]。但是 Small 与 Marshakova-Shaikevich 并不了解彼此的工作，因此他们的工作可以被看作是相互独立、不谋而合的研究。科学社会学家 Robert K. Merton 将这种现象称为"共同发现"，这在科学史上是非常常见的现象，而很多人却没有意识到这种常见现象的存在[13,14]。Small 与 Marshakova-Shaikevich 都将"共被引分析"与"文献耦合"现象进行了对比，后者是 Myer Kessler 于 1963 年阐释的思想[15]。

"文献耦合"也是用来度量两篇论文研究内容相似程度的方法，该方法基于两篇论文中出现相同参考文献的频次来度量它们的相似程度，即如果两篇论文共同引用了同一篇参考文献，他们的研究内容就可能存在相似关系，相同的参考文献越多，相似度越大。"共被引分析"则是"文献耦合"分析的"逆"方向：不用两篇文章共同引用的参考文献频次做内容相似度研究的线索，而是将"共同被引用"的参

考文献聚类，通过"共被引分析"度量这些参考文献的相似度。"文献耦合"方法所判断两篇文章之间的相似度是"静态"的，因为当文章发表后，其文后的参考文献不会再发生变化，也就是说两篇论文之间的相似关系被固定下来了；但是"共被引"分析是一个逆过程，永远无法预知哪些论文会被未来发表的论文"共同被引用"，它会随着研究的发展发生动态的变化。Small 更倾向于使用"共被引分析"，他认为这样的逆过程能够反映科学活动、科学家认知随着时间发生的变化[16]。

1974 年，Small 与位于费城 Drexel University 的 Belver C. Griffith 共同发表了两篇该领域里程碑式的著作，阐释了利用"共被引分析"寻找"研究单元"的方法，并且利用"研究单元"间的相似度做图呈现研究工作的结构[17,18]。虽然此后该方法有过一些重大的调整，但是它的基本原理与实施方式从来没有改变过。首先遴选高被引论文合集作为"共被引分析"的种子。将这样的高被引论文合集限定在一定规模范围内，这些论文被假定可以作为其相关研究领域关键概念的代表论文，对该领域起着重要的影响作用，作为寻找这些论文的线索，"被引用历史"成为关键点，利用引用频次建立的统计分析模型可以证明这些论文的确具有学科代表性与稳定性。一旦这样的合集被筛选出来，就要对该合集做"共被引"扫描。合集中，同时被同一篇论文引用的论文结成对，称为"共被引论文对"，当然会出现很多结不成对的"0"结果。当很多"共被引论文对"被找到时，接下来会检查这些"共被引论文对"之间是否存在"手拉手"的关系，举例来说：如果通过"共被引扫描发现了"共被引论文对 A 和 B"、"共被引论文对 C 和 D"、"共被引论文对 B 和 C"，那么由于论文 B 和 C 的共被引出现，"共被引论文对 A 和 B"与"共被引论文对 C 和 D"就被联系到一起了。我们就认为两个"共被引论文对"出现了一次交叉或者"拉手"。因为这一次交叉，就将这两个"共被引论文对"合并聚成簇，也就是说两个"共被引论文对"间只需要一次"拉手"就能形成联系。

通过调高或调低共被引强度阈值可以得到规模大小不同的"聚类"或者"群"。阈值越低，越多的论文得以聚类，形成的"群"越大，阈值过低则会形成不间断的"论文链"。如果调高阈值，就可以形成离散的专业领域，但是如果相似度阈值设得太高，就会形成太多分裂的"孤岛"。

在构建研究前沿方法中采用的"共被引相似度"计量方法以及共被引强度阈值随着时间的推移有所不同。目前采用余弦相似性（cosine similarity）方法计量"共被引相似度"，即用共被引频次除以两篇论文的引用次数的平方根。而"共被引强度"最小阈值是相似度 .1 的余弦，不过这个值是可以逐渐调高的，一旦调高就会将大的"聚类"变小。通常如果研究前沿聚类核心论文超过最大值 50 时，我们就会这样做。反复试验表明这种做法能产生有意义的研究前沿。

现在我们做个总结，研究前沿是由一

组高被引论文和引用这些论文的相关论文组成的,这些高被引论文的共被引相似度强度位于设定的阈值之上。

事实上,研究前沿聚类应该同时包含两个组成部分,一部分是通过共被引找到的核心论文,这些论文代表了该领域的奠基工作;另外一部分就是对这些核心论文进行引用的施引论文,其中最新发表的论文反映了该领域的新进展。研究前沿的名称则是从这些核心论文或施引论文的题名总结而来的。ESI 数据库中研究前沿的命名主要是基于核心论文的题名。有些前沿的命名也参考了施引论文。正是这些施引论文的作者通过共被引决定了重要论文的对应关系,也是这些施引论文作者赋予研究前沿以意义。研究前沿的命名并不是通过算法来进行的,仔细地、一篇一篇通过人工探寻这些核心论文和施引论文,无疑会对研究前沿工作本质的描述更加精确。

Garfield 这样评价 Small 与 Griffith 的工作,"他们的工作是我们的飞行器得以起飞的最后一块理论基石"[19]。Garfield——一位实干家,他将自己的理论研究工作转化成数据库产品,无论是信息检索还是分析领域都受益良多。这个飞行器以 1981 年出版的 ISI 科学地图:生物化学和分子生物学(ISI Atlas of Science:Biochemistry and Molecular Biology,1978/80)而宣告起飞[20],可以说这本书所呈现的工作与 Small 的工作有着内在的联系。这本书分析了 102 个研究前沿,每一个前沿都包括一张图谱,包含了前沿背后的核心论文,以及多角度展示这些论文间的相互关系。每一组核心论文被详细列出,并且给出它们的被引用次数,那些重要的施引论文也会在清单中,还会基于核心论文的被引用次数给出每个前沿的相关权重。

伴随这些分析数据的还有来自各前沿专业领域的专家撰写的综述。书的最后,是这 102 个研究前沿汇总在一起的巨大图谱,显示出他们之间的相似关系。这绝对是跨时代的工作,但对于市场来说无异于一场赌博,这就是 Garfield 的个性写真。

Small 与 Griffith 于 1974 年共同发表的第二篇论文中,可以看到对不同研究前沿相似度的度量[21]。通过共被引分析构建的研究前沿及其核心论文,是建立在这些论文本身的相似度基础上的。同样,用这种方法形成的不同研究前沿之间的相似度也是可以描述的,从而发现那些彼此联系紧密的研究前沿。在他们的研究前沿图谱中,Smal 与 Griffith 通过不同角度剖析、缩放数据以期接近这两个维度的研究方向。

对 Small 与 Griffith 的工作,尤其是从以上两个维度解析通过共被引分析聚类论文图谱的工作,Price 认为"看上去这是非常深奥的工作,也是革命性的突破。"他强调"他们的发现似乎预示着科学研究存在内在的结构与秩序,需要我们进一步去发现、辨识、诊断。我们习惯常用分类、主题词的方式去描述它,看上去与它自然内在的结构是背道而驰的。如果我们真想发现科学研究结构,无疑需要分析海量的科学论文,生成巨型地图。这个过程是动态的，不断随着时间而变化，这使得我们在第一时间就能捕捉到它的进展与特性。"[22]

在出版了另一本书和一系列综述性期刊之后[23, 24]，ISI Atlas of Science 作为系列出版物终止于20世纪80年代。出于商业考虑，那时还有更优先的事情需要做。但是 Garfield 与 Small 继续执着地行走在科学图谱这条道路上，他们几十年来做了各种研究与实验。1985年，Small 发表了两篇论文介绍他关于研究前沿定义方法的重要修正：分数共被引聚类法（fractional co-citation clustering）[25]。

根据引用论文的参考文献的多少，通过计算分数被引频次调整领域内平均引用率差异，借此消除整体计数给高引用领域（如生物医药领域）带来的系统偏差。随着方法的改进，数学显得愈发重要，而在整数计数时代，数学曾被忽视。他还提出基于相似度可以将不同研究前沿聚类，这超越了单个研究前沿聚组的工作[26]。同年，Garfield 与 Small 发表了"The geography of science: disciplinary and national mappings"，阐述了他们研究的新进展。该论文汇集了 Science Citation Index 与 Social Sciences Citation Index 数据，勾勒出全球该领域的研究状况，从全球的整体图出发，他们还进一步探索了更小分割单位的研究图谱[27]。这些宏-聚类间的关系与具体研究内容同样重要。这些关联如同丝线，织出了科学之网。

接下来的几年里，Garfield 致力于发展他的科学历史图谱，并在 Alexander I. Pudovkin 与 Vladimir S. Istomin 的协助下，开发了 HistCite 这一软件工具。HistCite 不仅能够基于引用关系自动生成一组论文的历史图谱，提供某一特定研究领域论文发展演化的缩略图，还可以帮助识别相关论文，这些相关论文可能在最初检索时没有被检索到，或者没有被识别出来。因此，HistCite 不仅是一个科学历史图谱的分析软件，也是帮助论文检索的工具[28, 29]。

Small 继续完善着他的共被引分析聚类方法，并且试图基于某个学科领域前沿之间呈示的认知关系图谱探索更多的细节内容[30, 31]。背后的驱动力是对科学统一性的强烈兴趣。为了显示这种统一性，Small 展示了通过强大的共被引关系，如何从一个研究主题漫游到另一个主题，并且跨越了学科界限，甚至从经济学跨越到天体物理学[32, 33]。对此 Small 与 E.O.Wilson 有类似的看法，后者在1998年出版的名为 Consilience: The Unity of Knowledge 的一书中表达了类似的思想[34]。20世纪90年代早期，Small 发展了 Sci-Map，这是一个基于个人计算机的论文互动图形系统[35]。后来的数年中，他将研究前沿的研究数据放到 Essential Science Indicators（ESI）数据库中。

Essential Science Indicators（ESI）主要用来做研究绩效分析。ESI 中的研究前沿，以及有关排名的数据每两个月更新一次。这时，Small 对虚拟现实软件产生了极大的兴趣，因为这类软件可以产生模拟真实情况的三维虚拟图形，可以实时处理海量数据[36,37]。例如，20世纪90年代末期，Small领导了一个科学论文虚拟图形项目，在桑迪亚国家实验室成功开发了共被引分析虚拟现实软件VxInsight[38,39]。

由于桑迪亚国家实验室高级研究经理Charles E.Meyers富有远见的支持，在动态实时图形化学术论文领域，该研究无疑迈出了巨大的一步，这也是一个未来发展迅速的领域。该软件可以将论文的密度及显著特征用山形描绘出来。可以放大、缩小图形的比例尺，允许用户通过这样的比例尺缩放游走在不同层级学科领域。基础数据的查询结果被突出显示，一目了然。

事实上，20世纪90年代末期对于科学图谱研究来说是一个转折点，之后，有关如何界定研究领域，以及领域间关系的可视化研究都得到了迅猛发展。全球现在有很多学术中心致力于科学图谱的研究，他们使用的方法与工具不尽相同。印第安纳大学的Katy Borner教授在其2010年出版的一本书：*Atlas of Science——Visualizing What We Know* 中对该领域过去10年取得的进展做了总结，当然这本书的名字听上去似曾相识[40]。

从共被引聚类生成科学图谱诞生，到今天这个领域如此繁荣，大约经历了25年的时间。很有意思的是，引文思想从产生到Science Citation Index的商业成功也大约经历了25年。当我们回顾这个进程时，清楚地看到相对于它们所处的时代来说两者都有些超前。如果说Science Citation Index面临的挑战来自图书馆界根深蒂固的传统思想与模式（进一步说就是来自研究人员检索论文的习惯性行为），那么，科学图谱，作为一个全新的领域，之所以迟迟未被采纳，其原因应归为，在当时的条件下，缺乏获取研究所需的大量数据的渠道，并受到落后的数据存储、运算、分析技术的限制。直到20世纪90年代，这些问题才得到根本解决。目前正以前所未有的速度为分析工作提供海量的分析数据，个人计算机与软件的发展也使个人计算机可以胜任这些分析工作。今天，我们利用Web of Science进行信息检索、结果分析、研究前沿分析、图谱生成，以及科学活动分析，它不仅拥有了用户，还拥有了忠诚的拥趸与宣传者。

Garfield与Small辛勤播种，很多年后这些种子得以生根、发芽，在很多领域迸发出勃勃生机。有人这样定义什么是了不起的人生——"在人生随后的岁月中，将年轻时萌发的梦想变成现实"。从这个角度说，他们两人不仅开创了信息科学的先锋领域，而且成就了他们富有传奇的人生。Clarivate Analytics将继续支持并推进这个传奇的持续发展。

参考文献

[1] Garfield E. Citation indexes for science: a new dimension in documentation through association of ideas.Science, 1955, 122 (3159): 108-111.

[2] Garfield E. Citation Indexing: Its Theory and Application in Science, Technology, and Humanities. New York: John Wiley & Sons, 1979.

[3] Genetics Citation Index. Philadelphia: Institute for Scientific Information, 1963.

[4] Garfield E. Citation indexes in sociological and historic research. American Documentation, 1963, 14 (4): 289-291.

[5] Garfield E, Sher I H, Torpie R G.The Use of

Citation Data in Writing the History of Science. Philadelphia: Institute For Scientific Information, 1964.

[6] Price D J. Science Since Babylon. New Haven: Yale University Press, 1961.

[7] Price D J. Little Science, Big Science. New York: Columbia University Press, 1963.

[8] Price D J. Foreword.in Eugene Garfield, Essays of an Information Scientist, Volume 3, 1977-1978, Philadelphia: Institute For Scientific Information, 1979, v-ix.

[9] Price D J. Networks of scientific papers: the pattern of bibliographic references indicates the nature of the scientific research front. Science, 1965, 149(3683): 510-515.

[10] ibid.

[11] Small H. Co-citation in scientific literature: a new measure of the relationship between two documents. Journal of the American Society for Information Science, 1973, 24(4): 265-269.

[12] Irena V. Marshakova-Shaikevich. System of document connections based on references.Nauchno Tekhnicheskaya, Informatsiza Seriya 2, SSR, [Scientific and Technical Information Serial of VINITI], 1973, 6: 3-8.

[13] Merton R K. Singletons and multiples in scientific discovery: a chapter in the sociology of science. Proceedings of the American Philosophical Society, 1961, 105(5): 470-486.

[14] Merton R K. Resistance to the systematic study of multiple discoveries in science. Archives Européennes de Sociologie, 1963, 4(2): 237-282.

[15] Kessler M M. Bibliographic coupling between scientific papers. American Documentation, 1963, 14(1): 10-25.

[16] Small H. Cogitations on co-citations. Current Contents, 1992, 10: 20.

[17] Small H, Griffth B C. The structure of scientific literatures I: Identifying and graphing specialties. Science Studies, 1974, 4(1): 17-40.

[18] Griffith B C, Small H, Judith A. stonehill, sandra Dey. The structure of scientific literatures II: Toward amacro and microstructure for science. Science Studies, 1974, 4(4): 339-365.

[19] Eugene Garfield.Introducing the ISI Atlas of Science: Biochemistry and Molecular Biology, 1978/80. Current Contents, 1981, 42, 5-13.In Garfield E. Essays of an Information Scientist, Vol. 5. 1981-1982.Philadelphia: Institute for Scientific Information, 1983: 279-287.

[20] ISI Atlas of Science: Biochemistry and Molecular Biology, 1978/80. Philadelphia: Institute for Scientific Information, 1981.

[21] ibid.

[22] See note 8 above.

[23] ISI Atlas of Science: Biotechnology and Molecular Genetics, 1981/82. Philadelphia: Institute for Scientific Information, 1984.

[24] Garfield E. Launching the ISI Atlas of Science: for the new year, a new generation of reviews. Current Contents, 1987, 1: 3-8. In Garfield E. Essays of an Information Scientist, vol. 10, 1987. Philadelphia: Institute for Scientific Information, 1988: 1-6.

[25] Small H, Sweeney E D. Clustering the science citation index using co-citations. I. A comparison of methods. Scientometrics, 1985, 7(3-6): 391-409.

[26] Small H, Sweeney E D, Greenlee E. Clustering the science citation index using co-citations. II. Mapping science. Scientometrics, 1985, 8(5-6): 321-340.

[27] Small H, Garfield E. The geography of science: disciplinary and national mappings. Journal of Information Science, 1985, 11(4): 147-159.

[28] Garfield E, Pudovkin A I, Istomin V S. Why do we need algorithmic historiography? Journal of the American Society for Information Science and Technology, 2003, 54(5): 400-412.

[29] Garfield E.Historiographic mapping of knowledge domains literature. Journal of Information Science, 2004, 30(2): 119-145.

[30] Small H. The synthesis of specialty narratives fromco-citation clusters. Journal of the American Society for Information Science, 1986, 37(3): 97-110.

[31] Small H. Macro-level changes in the structure of cocitationclusters: 1983-1989. Scientometrics, 1993, 26(1): 5-20.

[32] Small H. A passage through science: crossing- disciplinary boundaries. Library Trends, 1999, 48(1): 72-108.

[33] Small H. Charting pathways through science: exploring Garfield's vision of a unified index to science. In Cronin B, Atkins H B. The Web of

Knowledge: A Festschrift in Honor of Eugene Garfield, Medford, NJ. American Society for Information Science, 2000: 449-473.

[34] Wilson E O. Consilience: The Unity of Knowledge. New York: Alfred A. Knopf, 1998.

[35] Small H. A Sci-MAP case study: building a map of AIDs Research. Scientometrics, 1994, 30(1): 229-241.

[36] Small H. Update on science mapping: creating large document spaces. Scientometrics, 1997, 38(2): 275-293.

[37] Small H. Visualizing science by citation mapping. Journal of the American Society for Information Science, 1999, 50(9): 799-813.

[38] Davidson G S, Hendrickson B, Johnson D K, Meyers C E, Wylie B N. Knowledge mining with Vxinsight: discovery through interaction. Journal of Intelligent Information Systems, 1998, 11(3): 259-285.

[39] Boyack K W, Wylie B N, Davidson G S. Domain visualization using Vxinsight for science and technology Management. Journal of the American Society for Information Science and Technology, 2002, 53(9): 764-774.

[40] Börner K. Atlas of Science: Visualizing What We Know. Cambridge: The MIT Press, 2010.